LA NATURE AU FIL DE L'ANNÉE

Florence M. Haines

LA NATURE AU FIL DE L'ANNÉE

Traduit de l'anglais
Par Charlotte Roman

Charlotte Mason France

Titre original : The Changing Year (1916)

© Charlotte Mason France, 2023, pour la traduction française.
ISBN : 9798859608379
Tous droits réservés

Image de couverture : Das Sonnenhaus, 1890, Carl Larsson
Illustrations originales : Charlotte Roman

Imprint : independently published
www.charlottemason.fr

PRÉFACE

Ce livre est une traduction illustrée, tirée d'un ouvrage utilisé depuis des années par les éducateurs utilisant la pédagogie de Charlotte Mason. Une pédagogie née dans l'Angleterre du 19e siècle et qui met la beauté, les « choses » de la Nature et les livres dits « vivants » au centre des sources d'apprentissage. Cet ouvrage, qui retrace des promenades en extérieur mois après mois, servait de base pour les leçons de sciences des enfants étudiant selon les principes de cette forme d'éducation. Dans le cadre des leçons scientifiques mais aussi de l'éducation des jeunes enfants, pour Miss Mason, l'objectif premier était le « travail à l'extérieur ». Ce livre représente seulement un outil, un moyen d'atteindre cet objectif. Si le livre est lu mais que les enfants restent à l'intérieur, l'objectif n'est pas atteint.

Ces chapitres peuvent être lus, à haute voix ou pour soi-même, au début du mois ou avant une sortie, afin d'aiguiser l'esprit et le regard en vu des observations fines réalisées dans la Nature. Charlotte Mason organisait des « études spéciales » sur des thèmes particuliers comme les bourgeons, les oiseaux ou bien les graines. La lecture de ce livre servait donc de point de départ à ces leçons menées par les observateurs eux-mêmes : les enfants !

Pour que les lecteurs francophones puissent profiter au mieux de ces écrits, j'ai fait le choix de franciser le texte d'origine tant au niveau des proverbes et des références littéraires, qu'au niveau des noms des différentes espèces, qui différents fortement de l'anglais au français. Pour ceci je me suis basée sur le répertoire culturel français et européen en ce qui concerne les dictons et les légendes, et sur les noms scientifiques latins en ce qui concerne les noms de plantes, d'animaux et de champignons.

Avant de vous laisser découvrir cette « Nature au fil de l'année », je tiens à remercier profondément mon amie Maeva Dauplay, fondatrice de Charlotte Mason France et de Nos jours dorés, avec qui je travaille en équipe sur plusieurs traductions autour de la pédagogie Mason, pour sa relecture et ses nombreux conseils techniques. Je tiens également à remercier l'équipe américaine de Charlotte Mason Poetry sans qui je n'aurais jamais découvert ces textes.

Bonne lecture et bonnes explorations.

Charlotte Roman

SOMMAIRE

Chapitre I

Janvier

« Puis vint le vieux Janvier, bien enveloppé
Dans de nombreuses herbes pour se protéger du froid ;
Pourtant, il tremblait et frémissait comme pour se calmer.
Il souffla pour réchauffer le bout de ses doigts ;
Car ils étaient engourdis d'avoir tenu toute la journée
Une hachette avec laquelle il abattait du bois.
Il coupait les branches inutiles des arbres :
Se tenant debout sur un énorme pot en terre cuite,
Duquel la grande bouche faisait jaillir le déluge d'Ogygès. »

Spencer

Dans les *Mutabilities Cantos* de sa Reine des fées (Titre du long poème d'Edmund Spencer avec lequel nous entamerons ici chaque mois), le poète dépeint chaque mois avec son outil agricole et son signe zodiacal : Janvier se présente donc à nous avec sa hachette comme « l'homme portant une cruche » [Marc 14:13], ou « répandant l'eau », selon une autre version. Les « nombreuses herbes » qui l'enveloppent – le mot survit encore chez nous dans l'expression « mauvaises herbes » – sont impuissantes à protéger ses vieilles mains engourdies, car le froid est la caractéristique dominante de Janvier.

Maintenant, encore plus qu'à la période de Noël,

« Vole férocement

Le souffle du Nord et de l'Est, et la glace

Crée des poignards sur les auvents acérés. »

« Janvier sec et sage, est un bon présage » est un proverbe familier, sous diverses formes, dans la plupart des pays d'Europe, tout comme un janvier sauvage est considéré comme une infortune.

« Janvier frileux,

gèle l'oiseau sur ses œufs. ».

alors que nous savons que

« Janvier amasse les souches,

février les brûle toutes. »

Une autre rime dit que

"Il vaut mieux voir un voleur dans son grenier

qu'un laboureur en chemise en janvier."

Au 18e siècle, la France adopta, pour un temps, un nouveau calendrier dans lequel le second mois d'hiver se nommait Pluviôse – correspondant à quelques jours près (selon l'année) à la période allant du 20 janvier au 18 février du calendrier grégorien. En effet, comme le système métrique, mis en chantier dès 1790, ce calendrier marque la volonté des révolutionnaires de l'époque d'adopter, en remplacement du calendrier grégorien, un système universel s'appuyant sur le système décimal, qui ne soit plus lié à la monarchie ni au christianisme. Or, Pluviôse tirait son nom « des pluies qui tombent généralement avec plus d'abondance de janvier à février ».

Alors que, enveloppés, comme le mois de Janvier, dans de « nombreuses herbes », nous sortons vivement dans l'air frais, le paysage de janvier apparaît encore plus hivernal que celui de décembre, « les branches plumées de neige », mornes et nues sur un ciel gris ou bleu pâle, les ruisseaux silencieux sous leurs couvertures glacées. Une couverture glacée qui est précieuse pour maintenir la température de l'eau en dessous, dans laquelle les poissons se déplacent lentement, les grenouilles, les tritons et les anguilles étant en sécurité dans la boue au fond, hibernant jusqu'à des jours plus chauds. Nous surprenons peut-être un lapin qui s'est aventuré à grignoter un peu d'écorce. Les lièvres aussi, car selon M. E. K. Robinson, « les journées ensoleillées de début janvier donnent toujours une impulsion aux ébats amoureux des lièvres. Toute leur parade nuptiale est comique, mais le plus drôle, c'est lorsque deux d'entre eux broutent tranquillement à quelques mètres l'un de l'autre, et que soudain l'heureuse pensée que le printemps arrive semble frapper le mâle, qui sans aucun avertissement se jette haut dans les airs, et reprend son repas. Après un intervalle de quelques secondes, il recommence, jusqu'à ce qu'une de ces impulsions inexplicables, auxquelles les lièvres sont soumis, saisisse sa femme, qu'elle parte à toute allure, et qu'il la suive. Après avoir couru une centaine de mètres, ils s'arrêtent soudainement et poursuivent leur repas, agrémenté, comme précédemment, des acrobaties intermittentes du mari. Il ne se contente pas de « sauter » comme le ferait un chien, il est projeté en l'air comme par une catapulte, et retombe comme un lièvre mort, parfois même sur le dos. C'est une performance étonnante ; mais vous pouvez voir des lapins impassibles le faire aussi ».

Erithacus rubecula

En janvier, les oiseaux recommencent à chanter après s'être tus tout l'automne et au début de l'hiver. Perchée au sommet d'un arbre, la Grive draine (*Turdus viscivorus*) est au mieux de sa forme pendant une tempête de vent et de pluie ; elle chante joyeusement pendant plusieurs minutes, s'arrête, puis recommence. En raison de cette habitude qu'elle a de chanter avant et pendant l'orage, la Grive draine est souvent appelée *Stormcock* en anglais (ce qui signifie queue de tempête), le nom de Grive draine étant une allusion aux baies de gui (drainantes) qui constituent, dit-on, sa nourriture favorite. C'est la plus grande de toutes les grives britanniques et, en automne, on peut l'observer en petits groupes de dix ou vingt individus. En janvier, ces volées se dispersent et les oiseaux s'accouplent. Le Rouge-gorge (*Erithacus rubecula*) est un chanteur d'hiver, mais en réalité, ce petit oiseau joyeux chante toute l'année, à l'exception de sa période de mue estivale. « Le rouge-gorge, sacré pour les dieux du foyer », est largement répandu et fait l'objet d'un modèle universel. Son nom scientifique vient d'une confusion entre le latin *Erithacus* et le grec ἐρυθρός, qui signifie « rouge ». Les légendes expliquant cette poitrine rouge sont variées. L'une d'elles décrit comment, alors que Jésus-Christ était suspendu sur la croix du Calvaire, l'oiseau s'efforça de toutes ses petites forces d'arracher les épines de son front, perçant sa douce poitrine et la souillant de sang. « Béni sois-tu, dit le Seigneur, tu participes à mes souffrances. Partout où tu iras, le bonheur et la joie te suivront ; tes œufs seront bleus comme le ciel, et tu seras désormais l'oiseau de Dieu, le porteur de bonnes nouvelles. » (*The Curious Book of Birds* de Abbie Farwell Brown)

Une tradition galloise donne une origine différente ; la poitrine aurait été brûlée par le feu alors que le petit Rouge-gorge (aussi nommé Robin) portait de l'eau, goutte après goutte, aux âmes du purgatoire.

« Dans son petit bec, il apporte une goutte de rosée,
Et la laisse tomber sur les âmes du péché,
Voyez les marques sur sa poitrine rouge laissées
Par les feux qui brûlent quand il la laisse tomber. »

Une vieille croyance veut que « le Rouge-gorge, s'il trouve un homme ou une femme morts, lui couvre le visage de mousse ; et certains pensent que si le corps reste sans sépulture, il le couvrira entièrement ». Chaque enfant, à qui on a lu *Babes in the Wood*, sait que

« Le pieux Rouge-gorge
Les a couverts de feuilles ».

Shakespeare fait aussi allusion à cette croyance dans *Cymbeline*.
« C'est avec les plus belles fleurs
que, tant que durera l'été et que je vivrai ici, je veux, Fidèle,
embaumer ta triste tombe. Je ne manquerai pas de t'apporter
la fleur qui est pareille à ton visage, la pâle primevère, et
la clochette azurée comme tes veines, et
la feuille de l'églantier qui, sans médisance,
est moins parfumée que ton haleine : à mon défaut, le rouge-gorge,
dans son bec charitable (ô petit bec, comme tu fais honte
à ces riches héritiers qui laissent leur père couché
sans monument !) t'apporterait tout cela.
Oui, et quand il n'y a plus de fleurs, il mettrait sur ton corps une fourrure de mousse

comme vêtement d'hiver. »

Arviragus dans Cymbeline, Acte IV, Sc. II.
traduction de François-Victor Hugo

Le Troglodyte (*Troglodytes europæus, parvulus*, ou *vulgaris*) est le seul membre de sa famille en Europe. C'est un petit oiseau très timide, avec une faible capacité de vol, mais sa voix, malgré sa taille, est claire et puissante ; c'est aussi un chanteur d'hiver. Comme les Merles, les Troglodytes conservent leurs lieux d'origine, à tel point que Hudson affirme : « Il existe un Troglodyte des Cornouailles, comme il existe un Troglodyte de St Kilda, et comme il existe un Troglodyte autochtone ou une race locale de *Troglodytes parvulus* dans chaque comté, chaque village, chaque ferme, chaque bois, chaque taillis et chaque haie du Royaume-Uni. C'est un petit oiseau casanier, et lorsque vous le trouvez, été comme hiver, en ville ou à la campagne, vous savez qu'il est natif du lieu, que sa famille est très ancienne dans cette région, et qu'elle s'y est probablement installée avant l'avènement de l'homme aux yeux bleus et l'aube de l'âge de bronze. »

La façon dont ce Roitelet est devenu le roi des oiseaux est racontée dans les contes populaires de Grimms. À ce propos, notons que le sport cruel de la « chasse au Roitelet » était pratiqué à diverses dates dans différentes localités ; dans le sud de l'Irlande, Noël ou la Saint-Étienne était le moment choisi, mais l'origine de cette curieuse coutume est inconnue. Timbs, dans son ouvrage *Something for Everybody*, dit ceci à ce sujet : « Son origine est ainsi retracée par Aubrey dans ses *Miscellanies* : la dernière bataille livrée dans le nord de l'Irlande, entre les protestants et les catholiques, s'est déroulée à Glinsuly, près de Letterkenny, dans le comté de Donegal. Tout près de là, un groupe de protestants endormis avait été surpris par les irlandais papistes, si ce n'est que plusieurs roitelets les avaient réveillés en dansant et en picorant sur les tambours à l'approche de l'ennemi. C'est pour cette raison que les féroces Irlandais haïssent mortellement ces oiseaux encore aujourd'hui, les appelant les serviteurs du Diable, et les tuant où qu'ils les attrapent ; ils apprennent à leurs enfants à les coincer dans les ronces : vous verrez parfois, les jours de fête, toute une paroisse courir, comme des fous, de haie en haie, à la chasse aux roitelets. »

Selon certaines autorités, l'antipathie des Irlandais envers le Roitelet est liée à l'invasion des Danois. Une autre explication est que les Druides le considéraient comme le roi des oiseaux, et qu'il était l'oiseau préféré des augures d'autrefois. Le respect superstitieux qui lui était ainsi accordé offensa, dit-on, « nos premiers missionnaires chrétiens, et sur leur ordre, le Roitelet est encore chassé et tué par les paysans le jour de Noël ; et le jour suivant (à la Saint-Étienne), il est transporté, suspendu par la jambe au centre de deux cerceaux se croisant à angle droit ; et une procession est faite dans chaque village, composée d'hommes, de femmes et d'enfants, chantant une chanson irlandaise, le considérant comme le roi de tous les oiseaux. » (citation issue de *Collectanea de Rebus Hibernicus*, Col. Vallencey). Timbs chante d'ailleurs une comptine qui commence ainsi

« Le Roitelet, le Roitelet,
Le roi de tous les oiseaux,
Le jour de la Saint-Étienne,
Fut pris dans les fourrés. »

Même l'origine suggérée par cette dernière explication ne semble pas tellement probable.

On peut maintenant entendre l'Accenteur mouchet, la Mésange charbonnière, la Grive, le Pinson et le Merle noir. Les Corbeaux retournent à leurs nids et l'on peut voir des volées d'Alouettes, de Linottes et de Bruants. La Sittelle (*Sitta cæsia*) s'approche de nos maisons à la recherche de nourriture, elle coince des escargots, des glands ou des graines dans les fissures des arbres avant de les marteler avec son bec solide afin de les briser. Elle se nourrit aussi de gros insectes qu'elle trouve en parcourant et soulevant l'écorce des arbres. Alors que le Pic, dont le chant peut être entendu ce mois-ci, se déplace toujours en spirale sur un arbre, la Sittelle court librement dans toutes les directions avec un mouvement semblable à celui d'une souris.

Lamium purpureum

Dans les recoins abrités sous les haies, les jeunes feuilles poussent et les insectes pullulent ; les moucherons, en particulier, dansent gaiement dès que le temps est un tant soit peu doux.

Malgré les nuits glaciales, le mois de janvier est riche en fleurs : Ortie rouge et blanche, Séneçon doré, Ajonc, Pétasite, Mouron des oiseaux, Perce-neige, Tussilage et Hellébore fétide, Faux-fraisier (ou Potentille), Bourse-à-pasteur, peut-être une Véronique des champs (*Veronica agrestis*) ou un Pissenlit, une Marguerite ou une Primevère égarés. Dans le jardin, nous avons la Rose de Noël (*Helleborus niger*), l'Aconit d'hiver, la Daphné au parfum curieux, le Jasmin jaune, et peut-être une Fausse-Giroflée, une Grande Giroflée ou une Primevère.

La petite Ortie rouge est la première des fleurs de l'année, devançant le Perce-neige d'une semaine ou plus. Les feuilles du Lamier rouge (*Lamium purpureum*) et du Lamier blanc (*Lamium album*) ressemblent beaucoup à celles de l'ortie commune, d'où leur nom, mais on les distingue facilement par leurs fleurs, ainsi que par le fait que les orties ont des tiges carrées. Les plantes appartiennent à des ordres totalement différents, l'ortie est un membre de l'*Urticaceæ*, ses fleurs vertes sont disposées en longues grappes et elle est apparentée à l'Orme et au Houblon, tandis que les lamiers appartiennent au grand ordre des Labiées (ou Lamiacées) et sont apparentées aux diverses menthes, aux épilobes, aux germandrées, aux bugles, etc. Les Labiées sont facilement reconnaissables à leurs fleurs, qui sont généralement divisées en deux lèvres, dont la lèvre inférieure est plus grande et trilobée, et la supérieure moins nettement bilobée. Il s'agit d'une famille véritablement exemplaire, car si aucun de ses membres n'est nuisible, beaucoup sont très précieux en raison de leur huile volatile ; le Menthol et le Patchouli sont extraits de diverses espèces, et la Lavande, la Menthe poivrée, la Menthe pennyroyal et le Romarin sont bien connus en pharmacie. Le Révérend C. A. Johns, dans son ouvrage *Flowers of the Field*, nous dit que le dernier Romarin « est l'une des plantes utilisées dans la préparation de l'eau de Cologne et de l'eau de Hongrie, et que la saveur admirée du miel de Narbonne est attribuée aux abeilles qui se nourrissent des fleurs de cette plante, tout comme la saveur du miel d'Hymette est redevable au Thym sauvage », qui fait également partie des Labiées.

Comme le Rouge-gorge, le Séneçon vulgaire (*Senecio vulgaris*) est un ami de toute l'année, car il n'y a pas un mois où nous ne trouvons pas ses petites fleurs jaunes. Ces fleurs et leurs feuilles représentent la nourriture préférée des petits oiseaux et, autrefois, le Séneçon était réputé en médecine pour les cataplasmes. Le nom du genre vient du latin *senex* : vieillard, faisant allusion à sa pellicule blanche et velue.

La curieuse Pétasite officinale (*Petasites officinalis*), avec sa tête de fleurs en forme de massue, appartient au même genre que l'Héliotrope d'hiver (*Petasites fragrans*) de nos arbustes, et comme lui, c'est une mauvaise herbe très persistante, qui évince toutes les autres plantes dans son voisinage. Les fleurs apparaissent quelques temps avant les larges feuilles, de 6 centimètres à 1 mètre de diamètre, qui ont donné au genre son nom botanique issus du grec πέτασος, parasol, et aussi son titre anglais, *Butterbur* ou *Butterdock*, le feuillage étant utilisé pour emballer le beurre. La ressemblance de ses feuilles avec celles d'un autre « dock », la Bardane, est très forte et, en été, on la confond souvent avec cette plante.

Le petit Mouron des oiseaux, ou Mouron blanc (*Stellaria media*), comme le Séneçon, est l'aliment préféré des petits oiseaux, d'où son nom. Il existe trois espèces européennes, dont le Mouron des oiseaux commun, qui est de loin le plus abondant et qui fleurit sur tous les bords de route. On a dit de cette plante qu'elle « a suivi le Britannique dans le monde entier ». Les autres espèces sont le Grand mouron (*Stellaria aquatica*) qui, comme son nom scientifique l'indique, pousse dans les sols humides – il fleurit en été – et la Stellaire des bois (*Stellaria umbrosa*).

Le magnifique petit Perce-neige (*Galanthus nivalis*) ne peut pas, à proprement parler, être compté parmi les fleurs sauvages, bien qu'on puisse le trouver dans les bois de l'ouest de l'Angleterre. Il semble qu'il ait été importé du continent par les différents ordres religieux, qui le cultivaient dans les jardins des abbayes et utilisaient ses fleurs neigeuses lors de l'office de purification de la Sainte Vierge (2 février). Une vieille légende raconte que les premiers Perce-neiges poussèrent pour consoler Eve après qu'elle ait perdu le Paradis. Alors qu'elle pleurait au milieu de la neige épaisse, un ange s'approcha et, pour la consoler, attrapa et souffla sur un flocon qui tomba sur la terre sous forme de fleur. « Ce bourgeon, Eve, dit-il, est un gage que l'été n'est pas mort », et lorsque le visiteur angélique retourna au ciel, il lui dit
« Voici l'endroit où ses ailes ont balayé la neige,
Un anneau pittoresque du souffle du Perce-neige, blanc comme le lait. »

Et en effet, le Perce-neige, avec son message d'amour et de pureté divins, a réconforté et renforcé de nombreux cœurs tristes depuis ce jour. Les Français l'appellent, Perce-neige, les Allemands *Schneeglöckchen*, petite cloche de neige, les Espagnols Campanilla blanca, Campanilla blanca et les Gallois *Clockmaben*, Clochette.

Les fleurs de l'Hellébore vert, ou patte d'ours (*Helleborus viridis*) et de l'Hellébore fétide (*Helleborus fœtidus*), se trouvent parfois dans des fourrés sur des sols calcaires, généralement près des maisons, mais ne peuvent être considérées comme indigènes. L'Hellébore fétide ou puant se distingue de l'Hellébore vert par l'extrémité violette de ses sépales. Un autre nom donné à cette plante est celui de Pied de Griffon.

La Bourse à pasteur (*Bursa pastoris*) se distingue facilement par les vaisseaux de graines en forme de cœur qui lui donnent son nom latin et anglais. Elle appartient à la famille des Crucifères ou des choux, tout comme la Giroflée, le Bouillon et divers Cressons. Les fleurs de cet ordre sont facilement reconnaissables à leurs quatre pétales, placés en croix. Il existe au moins 1200 espèces différentes de Cruciferæ, dont la plupart sont originaires des zones tempérées, bien que la végétation arctique en soit largement composée. Aucune n'est toxique, et la richesse en azote et en soufre qu'elles contiennent les rend inestimables en tant qu'aliments et médicaments. Les Navets, Radis et Choux marins cultivés sont de la même famille que l'humble petite Bourse à pasteur que l'on trouve au bord de la route.

La Potentille stérile ou Faux-fraisier (*Potentilla fragariastrum*) se distingue de la Fraise des bois, qui fleurit plus tard, par la pilosité de la face inférieure de ses feuilles et par ses pétales dentelés, ceux de la Fraise des bois étant entiers. Les deux plantes appartiennent aux *Rosaceæ* mais sont de genres différents.

Il est encore tôt pour les chatons, mais nous ne pouvons manquer de remarquer les « queues d'agneau » jaunes du Noisetier, qui, rigides et vertes au cours des derniers mois, sont maintenant souples et mûres, secouant leur poussière poudreuse sur nos doigts lorsque nous en recueillons une gerbe. Le Noisetier est fertilisé par le vent, et non par les insectes, et donc, comme tous les arbres fertilisés par le vent, il doit produire une quantité considérable de pollen pour compenser les pertes. Les petites fleurs porteuses de graines sont moins visibles, mais elles sont belles avec leurs petits stigmates pourpres. Elles apparaissent un peu plus tard que les chatons mais on peut les trouver tous les deux avant la fin du mois.

Chapitre II

Février

« Enfin survint le glacial Février, installé,
Car chevaucher il ne pouvait, dans un vieux char
Tiré par deux Poissons, ainsi le voulait la saison,
Qui glissaient au gré de l'onde,
Qu'ils fendaient doucement ; mais, à ses côtés, il avait
Sa charrue et son harnais pour labourer les champs,
Et des outils pour tailler les arbres avant que l'orgueil
D'un Printemps hâtif ne les obligeassent à bourgeonner de nouveau. »

Spenser

Ce poème nous rappelle qu'avant le changement de calendrier en 1752, « l'année du Seigneur dans cette partie de la Grande-Bretagne appelée Angleterre, commençait le 25e jour de mars ». En effet, en Angleterre, cette année-là, le début de l'année fut fixé au 1er janvier et non plus fin mars. Février clôturait jusqu'alors l'année, tout comme le fait décembre aujourd'hui, bien que ce dernier porte encore la trace de sa position originale de dixième mois dans son nom : *decem*, dix ; comme novembre était le neuvième, *novem*, et octobre le huitième, *octem*. A l'origine, le calendrier romain ne comptait que dix mois, janvier et février ayant été ajoutés plus tard. Le nom de ce dernier est dérivé de la fête romaine de purification et d'expiation, les *Februales*, que l'on célébrait vers la fin du mois.

Longfellow y fait allusion dans son *Poet's Calendar*.

« Je suis la purification et la mer est à moi.
Je lave les sables et les falaises par ma marée ;
Mon front est couronné de branches de pin ;
Les poissons glissent devant les roues de mon char,
Par moi, toutes les choses impures sont purifiées ;
Par moi, les âmes des hommes sont de nouveau immaculées.
Et, dans les tombes peu enviables de ceux qui sont morts,
Sans un chant funèbre, je les lave de toute tache. »

Pour les révolutionnaires français, c'était le second mois d'hiver qu'ils appelaient Ventôse, et qui tirait son nom « des giboulées qui ont lieu, et du vent qui vient sécher la terre de février en mars »

Les noms saxons pour ce mois étaient *Sol monath* (le mois du soleil), en allusion à l'augmentation de la lumière et de la chaleur ; et même *Kele monath* (le mois du chou kale) car, même si le soleil commence à réchauffer doucement le potager, on y trouve en ce mois guère plus que des choux et quelques autres légumes pour la soupe. Le chou kale, le chou frisé et le chou pommé étaient des plantes plus importantes dans les temps anciens qu'ils ne le sont dans notre consommation moderne. Au 17e siècle, l'auteur anglais Richard Verstegen explique que « par *'kele'* (chou/herbe), nous entendons *'kel wurt'* (wurt pour potage), écrit ensuite *'cole wurt'*, qui étaient des soupes de choux cuisinés par nos ancêtres. Le bouillon était aussi appelé du *'kele'*, car avant d'avoir emprunté aux Français le nom de "potage" et celui 'd'herbe', l'un s'appelait *'kele'*, dans notre propre langue, et l'autre *'wurt'*. Et, comme ce *'kele wurt'* (ou potage d'herbes) était le principal potage d'hiver et la nourriture principale de cette saison pour le cultivateur, c'était la première 'herbe' qui, dans ce mois, commençait à produire de jeunes pousses saines, et par conséquent on lui donna le nom de *'sprout-kele'*. Cette herbe n'était pas seulement considérée comme bonne par nos ancêtres, tant pour la nourriture que pour la guérison, mais les anciens Romains lui portaient aussi une telle estime. Pendant les six cents ans où Rome fut sans guérisseurs, la population avait l'habitude de planter de grandes quantités de ces choux, qu'ils considéraient à la fois comme de la nourriture et de la médecine car, tout comme ils mangeaient le chou pour se nourrir, ils buvaient l'eau, dans laquelle il était cuisiné, tel un remède pour toutes sortes de maladies. » Nous lisons dans *The Battle of Otterbourne* (une ballade populaire écossaise) :

« Mais il n'y a ni pain ni chou,
Pour nous nourrir, mes hommes et moi, »
Le mot « *cabbage* » (chou en anglais) provient du français normand « caboche tête » ; il est peut-être lié au vieux français *boce*, bosse, ou au latin *caput*, tête. Le mot « *kale* » est proprement restreint aux membres de la famille des choux qui ne forment pas de têtes compactes, comme le chou ordinaire, ou ne donnent pas de fleurs charnues, comme le chou-fleur, ou le brocoli ; mais au sens large, « *kale* » représente toute espèce de chou, et par extension, comme dans le verset cité ci-dessus, toute sorte de soupe, ou même le repas du souper dans son ensemble, tout comme nous regroupons à la fois les aliments et les boissons sous le nom de « thé » par exemple.

La vieille devise exhorte Février à
« remplir la digue
Soit avec du noir soit avec du blanc ;
Mais si c'est avec du blanc
C'est plus aidant. »
et ce dicton renchérit:
« février remplit les fossés, c'est à mars de les assécher. »

La neige est considérée par les agriculteurs comme apportant des bienfaits plus importants que la pluie, et on pourra s'attendre à de meilleures récoltes après une couche de neige. Les habitants de la Normandie ont le proverbe suivant :

« Février neigeux, été avantageux. »

L'expression « Février remplisseur de digues » peut sembler déconcertante pour un habitant du sud de l'Angleterre, où une digue, comme en Hollande, signifie un talus, un monticule ou simplement de la terre. Mais dans le nord, le mot conserve son sens premier, et les fossés creusés par les agriculteurs, pour drainer leurs champs, sont partout connus sous le nom de digues. Dans *Geraint and Enid, un* conte gallois, connu en français sous le titre de *Gereint, fils d'Erbin*, Tennyson parle d'ailleurs des poissons « des digues de cristal de Camelot ».

Dans le calendrier républicain français, les jours compris entre le 20 janvier et le 18 février étaient regroupés sous le nom de Pluviôse (pluvieux), et le mois suivant, du 19 février au 20 mars, était Ventôse (venteux). Février, comme janvier, doit garder sa réputation de temps hivernal, car :

« Février rigoureux effraie les frileux. »
et
« Pluie de février vaut jus de fumier. »
tandis que :
« Mieux vaudrait voir un loup dans son foyer
Qu'un homme en chemise en février. »
ou
« Si la Chandeleur est agréable et claire
en un an, on connaîtra deux hivers. »
ou, comme le disent les Écossais,
« Si le jour de la Chandeleur est sec et clair,
la moitié de l'hiver est encore à faire ;
si le jour de la Chandeleur est humide et mauvais,

la moitié de l'hiver, à Yule s'en irait. »

Sir Thomas Brown, dans ses Vulgar Errors (dans lesquelles il réfutent les superstitions communes de son époque), donne la rime latine équivalente ;

« Si sol splendescat Maria purificante

Major erit glacies post festum quam fuit ante, »

(Si le soleil brille sur Marie purificatrice

Il y aura plus de glace après la fête, qu'il y en eut avant).

La veille de la Chandeleur, les vents se disputent la mainmise, car

« Là où le vent se trouve le jour de la Chandeleur,

il y restera jusqu'à la fin du mois de mai. »

Sauf si c'est le vent d'est qui l'emporte ; dans ce cas, heureusement, il ne soufflera que jusqu'au 2 mai. On nous dit que, autant les oiseaux chanteront avant la Chandeleur, « autant ils pleureront après ». Et les Français disent : « A la Chandeleur toutes les bêtes sont en horreur » car à cette époque, les animaux ont le poil hérissé par le froid, comme nous l'explique Aimé de Soland dans ses *Proverbes d'Anjou*. Ce jour-là, nous dit-on, l'Ours fait une nouvelle sieste et le Blaireau sort de son trou. Si le soleil brille, il se retire à nouveau, mais s'il trouve de la neige, il se lève et sort se promener, car l'hiver sera alors bientôt terminé.

Meles meles

Le Blaireau, ou « *Brock* », de son ancien nom anglo-saxon (*Meles meles ou vulgaris*), est commun sur le continent, mais rarement observé en activité. Ce n'est pas parce que, comme beaucoup de gens le pensent, l'animal serait rare, ou en voie de disparition car, en réalité, dans de nombreuses régions, le Blaireau n'est pas du tout inhabituel, et dans certains endroits, il est même en augmentation, grâce aux mesures de protection qui lui sont accordées. La raison de sa prétendue rareté est double : d'une part, la nature de ses refuges, qui se trouvent généralement dans les recoins profonds des grands bois, des terriers de renards et des carrières ; et d'autre part, la nature de ses habitudes, qui sont timides et discrètes, et principalement nocturnes. La particularité du Blaireau est l'imbrication de sa mâchoire inférieure dans le crâne, ce qui lui permet d'avoir une prise très puissante, faisant de cet animal un adversaire redoutable. En Angleterre, l'appâtage du Blaireau, ou « le tir au Blaireau », fut interdit par une loi du Parlement en 1850. Dans ce sport cruel, l'animal, gardé dans un tonneau prévu à cet effet, était attaqué par des chiens terriers. Il s'y battait férocement jusqu'à ce que, vaincu par la supériorité du nombre, il soit tiré de son abri, où il était immédiatement ramené pour se reposer et récupérer, prêt pour la prochaine performance. Chaque établissement de basse classe gardait son Blaireau, et les expressions « *draw a badger* » et « *badger* » une personne (harceler une personne) témoignent de la popularité de ce sport, tout comme les noms de *Brockenhurst*, ou *Brockley* … qui rappellent l'ancienne présence de l'animal dans ces localités.

Le Blaireau n'est pas le seul animal hibernant qui s'aventure à sortir ce mois-ci. On aperçoit le Loir et la Chauve-souris ; les papillons de la Piéride, le Paon-du-jour ou même la Vanesse, qui prennent le soleil par temps doux. Le Bourdon et la Mouche domestique sont réveillés, et avec eux cet ennemi de la ménagère prudente, la Teigne commune des vêtements. Les Chenilles, elles aussi, qui ont dormi tout l'hiver, se réveillent et commencent à se nourrir. Les Escargots et les Limaces quittent leurs repaires d'hiver, le Grillon des champs, le Mille-pattes et le Cloporte sont réveillés. Les Vers de terre qui, pendant les jours de gel, étaient recroquevillés dans leurs trous souterrains, sont maintenant actifs. Les Abeilles s'affairent dans les coupes ouvertes des Crocus, la jolie petite Coccinelle apparaît, l'Araignée étend sa toile de soie, le Triton quitte son lieu de sommeil, la Corise se tient en équilibre à la surface de l'eau, et vers la fin du mois, les étangs sont bruyants du coassement du Crapaud et de la Grenouille. Si nous avons de la chance, certains diraient plutôt de la malchance, nous pouvons croiser une Vipère, lovée sur un rocher ensoleillé. La petite Vipère (*Vipera ou Pelias berus*) est moins commune que la Couleuvre-à-collier (*Tropedonotus natrix*) et se distingue facilement par la rangée de carrés noirs, disposés en diagonale, qui court au centre de son dos, alors que la Couleuvre-à-collier est marquée de taches irrégulières. La tête est également de forme différente, triangulaire chez la Vipère, et dépourvue des taches blanches sur le cou qui ont donné son nom à la Couleuvre-à-collier. La Vipère est beaucoup plus petite que la Couleuvre-à-collier, dépassant rarement trente centimètres de longueur. De plus, elle est très timide.

La ponte du Crapaud se trouve dans les étangs peu profonds environ quinze jours avant celle de la Grenouille, et alors que les œufs de la Grenouille sont déposés en masses gélatineuses qui flottent à la surface de l'eau, ceux du Crapaud forment une sorte de ficelle gélatineuse qui s'entortille parmi les herbes aquatiques. Les petits œufs noirs sont disposés par couples, ce qui donne à la ficelle l'aspect d'un collier.

Le jour de la Saint-Valentin, selon la tradition, les oiseaux choisissent leurs compagnes. Les Coqs déploient toute la splendeur de leur nouveau plumage pour éblouir les dames de leur choix. Le Pinson est gai avec sa crête bleue, sa poitrine rose et ses ailes blanches, tandis que l'Étourneau bavarde gaiement dans un vert et un violet chatoyants – les oiseaux à tête verte sont des espèces indigènes, ceux à têtes violettes et vertes sont des Étourneaux d'Europe centrale, et les oiseaux à tête entièrement violette sont des Étourneaux de Sibérie. Outre les notes du Pinson et du Verdier, on entend maintenant le chant du Chardonneret. La Mésange émet ses deux notes sèches, et le Bruant jaune demande son « little-bit-of bread-and-no-cheese », ou, selon une version moins connue, son « kiss-me-quick-and-go-please » ; la première note est répétée plusieurs fois, la dernière, qui est un peu plus grave, est émise plus lentement.

Notons qu'un des moyens mnémotechniques pour apprendre les chants des oiseaux, consiste à créer des petites phrases qui rappellent les sons et le rythme du chant d'un oiseau en particulier. Celles qui sont citées ici en anglais ne sont donc pas traduisibles en français car il semblent que nous « n'entendions » pas les oiseaux de la même manière. Par exemple, le chant du Coq est entendu comme « cocorico » par les français, alors que c'est plutôt un « *cock-a-doodle-doo* » pour les anglais.

Les notes fluides du chant de la Grive, qui se répète par strophes, se fait également entendre ici et là.

Les Choucas et les Corbeaux s'affairent dans leurs vieux nids. Celui du Corbeau freux (*Corvus frugileus*) est fait de brindilles astucieusement entrelacées, tapissées de racines et d'herbe, et si parfaitement équilibré entre les branches qu'il reste en place même en cas de tempête violente. A cette époque, on peut souvent voir le Corbeau, tirer sur une jeune tige avec son bec puissant, et la travailler d'avant en arrière, jusqu'à ce qu'il réussisse à la détacher. Pendant ce temps, sa compagne reste à la maison pour garder le nid, car ces constructeurs sombres volent sans scrupules le matériel de l'autre. Le Choucas des tours (*Corvus monedula*) est une version plus petite du Corbeau, dont il se distingue par la tache grise à l'arrière de la tête et du cou. Les Choucas, comme les Corbeaux, sont grégaires et nichent en groupes ; les falaises rocheuses et les bâtiments tels que les clochers d'église, les tours en ruine et les cheminées sont leurs sites favoris. Parfois, comme dans la dernière situation, des brindilles sont laissées choir, l'une après l'autre, jusqu'à ce qu'elles s'accrochent et reposent solidement. C'est sur cette base que le nid est construit et tapissé de laine, de poils et de plumes. Les œufs, au nombre de quatre à six, sont bleu-vert pâle, tachetés de gris et de brun. Le Grand Corbeau (*Corvus corax*) est le plus grand de cette famille. Il construit un nid solitaire sur une falaise ou un arbre, et si, comme cela arrive parfois, les œufs sont refroidis par la pluie ou la neige fondue, car la construction du nid commence souvent en janvier, les oiseaux se déplacent ailleurs et en construisent un second.

La liste des fleurs de février est similaire à celle de janvier, la fleur du mois étant le Perce-neige, la Belle Demoiselle de février, comme l'appelaient affectueusement nos ancêtres. Certains disent que ce titre a été suggéré par sa ressemblance avec les jeunes filles, vêtues de blanc, qui marchaient deux par deux en procession lors du service de la Purification de la Sainte Vierge (le 2 février), d'autres parce qu'elle fleurit à peu près au moment de cette fête, car, comme nous le dit un ancien calendrier de l'Église, « le perce-neige, dans son blanc le plus pur, se dresse, se lève, pour la première fois, le jour de la Chandeleur. »

Galanthus nivalis

Il est intéressant de noter le changement de position de la fleur au fur et à mesure qu'elle se développe : le bourgeon est droit, dans l'axe de la tige, mais dès que la fleur se développe, la tête tombe, suspendue par un minuscule pédoncule. La raison de ce changement, que l'on observe aussi chez la Jonquille, ainsi que la fermeture de ses pétales, comme chez la Pâquerette et d'autres fleurs, ont pour but de protéger le pollen du froid et de l'humidité.

Le Tussilage (*Tussilago farfara*) et la Célandine naine apparaissent généralement à un ou deux jours d'intervalle. Le Tussilage (*Colt's-foot* en anglais) tire son nom de la forme de ses feuilles, qui n'apparaissent qu'une fois les fleurs fanées. À première vue, la fleur ressemble à un petit Pissenlit, mais on la reconnaît facilement aux bractées qui enveloppent la tige, alors que celle du Pissenlit est lisse et nue. De plus, la fleur du Pissenlit n'a pas de disque, alors que le Tussilage a des fleurs en forme de disque et de rayon ; ces derniers, beaucoup plus petits que les rayons correspondants du Pissenlit, entourent le disque comme une collerette. Dès que la fleur est fanée, et pendant que les graines mûrissent, la tête tombe. Lorsque cette « horloge » duveteuse est prête à disperser ses graines à tous vents, elle se dresse à nouveau. Le nom scientifique vient du latin *tussis*, la toux, les feuilles étant utilisées en médecine depuis des temps très anciens.

La Ficaire fausse-renoncule (*Ranunculus ficaria*), cette « Petite et humble Celandine, Prophète de délices et de gaieté, Héraut d'une bande puissante », si chère au poète William Wordsworth, est la première Renoncule à ouvrir ses pétales brunies, et ses petites étoiles illuminent chaque talus.

« Sur la lande, et dans les bois,
Dans toute la campagne, il n'y a pas de place,
Quel qu'en soit le sens,
Mais elle est assez bonne pour toi. »
– *The Small Celandine* de William Wordsworth

Le nom du genre vient du latin *ranunculus*, qui signifie petite grenouille, car la plupart des espèces se trouvent dans des sites marécageux ; certaines, comme les Renoncules aquatiques, fleurissent à la surface de l'eau, comme des Nénuphars miniatures. Tous les membres de la famille contiennent un jus âcre, parfois toxique, ce qui explique pourquoi le bétail les évite.

Deux arbustes intéressants, le Laurier purgatif et le Fragon faux-houx, sont maintenant en fleur. Le Laurier purgatif (*Daphne laureola*) appartient au même genre que les Daphné bois-gentil et Daphné Japonica de nos jardins, et comme le Daphné bois-gentil, on le trouve parfois à l'état sauvage dans les bois. C'est un arbuste bas, ne dépassant pas 1,80 mètres, avec des tiges érigées et lisses, chacune portant un bouquet de feuilles persistantes au sommet. Les fleurs vertes pendent en grappes, et ont un parfum agréable par temps doux ; elles sont suivies de baies noires ovoïdes.

Le Fragon faux houx : *Butcher's Broom* en anglais (*Ruscus aculeatus*) est appelé ainsi parce qu'il était autrefois utilisé par les bouchers pour balayer leurs planches. Son aspect est particulier, car la fleur semble pousser au centre de la feuille ; en réalité, ce qui ressemble à une feuille est une branche aplatie (appelée cladode en botanique) qui se termine par une épine acérée. Les vraies feuilles sont de minuscules écailles qui entourent les branches, elles sont caduques. Les minuscules fleurs blanc verdâtre sont suivies par des baies écarlates de la taille d'une bille. On le trouve dans les sous-bois et, comme le Laurier purgatif, cette plante est peu commune.

Le Saule gris ouvre maintenant ses larges bourgeons écailleux, révélant un aperçu de la douce fourrure du « chaton » qui se transformera plus tard en une « palme » dorée. Le Houx et le Fusain perdent leurs feuilles mortes et le Chèvrefeuille pousse dans les haies. L'If, l'Aulne et le Bouleau font mûrir leurs chatons, et le Sureau se met en feuilles. Dans le jardin, le Crocus, l'ami bien-aimé du Smilax, métamorphosé par les dieux en fleur, déploie des pétales violets, blancs ou dorés au soleil. L'Anémone hépatique

« Ouvre son enveloppe et, souriante, montre
Sa délicate robe de lavande.
Les enfants rient en cueillant les fleurs,
Et les joyeux Rouge-gorges chantent ;
Car, fleurissant dans les bosquets froids et sans feuilles,
L'Anémone hépatique désigne le printemps. »

Chapitre III

Mars

« D'abord, le robuste Mars, les sourcils sévèrement courbés
Et puissamment armé, chevauchait un Bélier,
Le même qui survola l'Hellespont ;
Il tenait aussi dans sa main une bêche,
Et dans un sac toutes sortes de graines,
Qu'il répandait sur la terre en passant. »

Spenser

Si Mars arrive comme un lion, il s'en ira comme un mouton, bien que parfois le processus soit inversé car, comme le proverbe écossais nous en avertit, « le vent de la tempête arrive lors des Jours d'emprunt ». Les Jours d'emprunt correspondent aux trois derniers jours de Mars. Comme ils sont d'ordinaire tempétueux, nos ancêtres crurent trouver l'explication de ce fait, en supposant que Mars empruntait à Avril, afin d'allonger son règne. Ce sont les Romains qui, les premiers, leur donnèrent si mauvaise réputation et ils avaient divers dictons sur le temps qu'il pouvait faire ces jours-là :

Mars a emprunté à Avril
Trois jours et ils étaient mauvais

Cette croyance populaire, qu'on retrouve dans presque toute l'Europe, varie peu d'un pays à l'autre et, dans chaque cas, l'explication a la même origine, à savoir la tentative de ce mois de faire périr quelques bêtes. Dans la version espagnole, un berger promit à Mars un agneau si, en retour, le mois donnait du beau temps à son troupeau. Le contrat fut honorablement tenu par Mars, mais lorsqu'il demanda son agneau vers la fin du mois, le berger, dont le troupeau était en pleine forme, se dit qu'il ne restait plus que trois jours et refusa de payer sa dette. Mars lui répondit, furieux de tant d'ingratitude : « Tu ne veux pas tenir ta promesse, sache donc que pendant les trois jours qui me restent, puis pendant les trois autres que mon compère Avril me prêtera, tous tes moutons mourront. » Cette menace fut exécutée durant

les six terribles jours qui suivirent. Dans la version française, un homme riche se vantait le 30 mars :
« J'ai passé Mars, et Marsillon
Sans qu'il m'en ait coûté ni vache ni taurillon. »

L'entendant se vanter ainsi, Mars suggéra à Avril :
« Avril, prête m'en un, prête m'en deux, prête m'en trois,
Et un que j'ai, ça fera quatre, et nous mettrons tout son bétail aux abois »

Dans la version britannique, il existe ces curieux vers :
« Mars dit à Avril :
Je vois trois agneaux sur une hauteur ;
Mais prêtez-moi vos trois premiers jours,
Et je m'engage à les faire mourir.
Le premier, sera de neige et de grésil
Le deuxième, tout froid et tout humide
Le troisième, il gèlera si fort
Que les nids des oiseaux resteront collés aux arbres.
Or, quand les trois jours empruntés furent écoulés,
Les trois stupides agneaux rentrèrent boiteux à la maison. »

En anglais, « stupide » se dit « *silly* » et ce mot est vraisembla-blement l'équivalent de l'ancien « *seely* » : pour heureux, chan-ceux, ou plutôt « innocent et sans ruse ». En Angleterre, le Suffolk fut d'ailleurs appelé « *silly Suffolk* » en référence à la piété de ses habitants, dont témoigne le nombre d'églises dans le comté.
Après le croassement des Corbeaux dans les Ormes et les Syco-mores, quel signe plus distinctif du printemps avons-nous d'autre

que ces « stupides et innocents » Moutons avec, à leurs côtés, leurs agneaux frisés aux longues jambes ? Les toisons blanches éparpillées sur la pelouse verte sous le ciel bleu vif, également parsemé de doux cumulus, sont un parfait présage du printemps, surtout quelques semaines plus tard, lorsque l'Aubépine et le Pommier déploient leurs pétales de neige parmi les haies fraîchement reverdies, car

« Le printemps est tout de blanc vêtu,
Vêtu de blanc comme le lait :
Dans des flots de lumière
Les nuages blancs s'égarent dans le ciel :
Les papillons blancs dans l'air ;
Les Marguerites blanches taquinent le sol :
Les Cerisiers et les Poiriers
Dispersent leurs neiges autour d'eux. »

Robert Seymour Bridges

Toutefois, pour l'heure, nous venons à peine de dire adieu aux neiges hivernales, et les vents impétueux du mois de mars font obstacle à une floraison trop précoce ; dans le même temps, ces derniers assèchent et fragmentent le sol, le rendant ainsi prêt à recevoir les graines

« Qu'il répandait sur la terre en passant. »

« Un grain de poussière de mars vaut la rançon d'un roi » , « jamais pluie au printemps, ne passe pour mauvais temps », et le tonnerre de mars promet l'abondance car « quand au mois de mars il tonne, Bacchus nous remplit la tonne. »

Agnellus Ovis aries

Dans les haies et les jardins, les oiseaux s'affairent à la préparation de leurs nids. La Grive et le Merle, deux bâtisseurs précoces, placent une couche de boue protectrice à l'intérieur de la cloison de leur nid. Dans le cas de la Grive, cette boue est mélangée à de la mousse, du bois pourri, etc., et étalée pour former une couche lisse. Le Merle, lui, recouvre la boue d'une deuxième couche d'herbe très fine et de crin. Les deux oiseaux élèvent deux, voire trois, couvées par an, et les Grives les plus âgées aident parfois à nourrir la famille la plus jeune. L'Accenteur mouchet produit de jolis œufs bleu-vert. Ce petit oiseau (*Accentor modularis*) n'a aucun lien de parenté avec le Moineau domestique, auquel il ressemble par sa coloration. Il fait partie de la famille des Fauvettes, qui comprend la Fauvette à tête noire, la Fauvette grisette, la Fauvette des jardins, la Fauvette des roseaux et la Fauvette des marais. Elles sont toutes des oiseaux insectivores au bec et aux pieds fins. En plus de la différence du bec et de la silhouette, l'Accenteur mouchet se distingue des autres par sa curieuse petite habitude de se nourrir uniquement à terre, en se déplaçant au ras du sol par des vols furtifs et de petits bonds, lui valant le surnom de « traîne-buisson ».

Les autres oiseaux qui construisent des nids en ce moment sont le Rouge-gorge, la Pie et le Canard sauvage. La Pie (*Pica rustica*) est facilement reconnaissable à son plumage noir et blanc et à sa longue queue noire. Celui qui prend un nid de Pie n'obtient rien de bon, et l'oiseau lui-même est un oiseau de mauvais augure lié aux sorcières et, en tout cas en Suède, sous le patronage du Diable lui-même. La pie étant d'ailleurs l'un des attributs de Hel, la déesse de la mort dans la mythologie nordique. Elle a aussi été taxée de voleuse, car elle pratique le cleptoparasitisme en dérobant des proies à d'autres oiseaux ou mammifères. Les hommes appréciant souvent d'humaniser les bêtes, la croyance populaire a longtemps attribué à la pie, ce caractère de cleptomane, l'accusant de voler les objets brillants et même les bijoux chez certains ; une étude récente dément pourtant cette tendance.

Pour quelques uns encore, voir une pie reste un signe de malheur, mais en voir deux ou plus peut être une toute autre affaire, comme dans cette comptine des pays du Nord qui compte ainsi :
« Un le chagrin, deux la joie,
Trois un mariage, quatre une naissance,
Cinq le paradis, six l'enfer,
Sept, le malheur est là. »

A l'inverse, en Asie, les pies seraient porteuses de joie. Un mythe nous raconte qu'elles formaient un pont à travers la Voie lactée et permettaient aux amants séparés de se rencontrer. En raison de son plumage noir et blanc, la pie a aussi été un symbole du yin et du yang. En Corée elle est considérée comme l'animal national qui, dans les contes, protège les faibles et ceux qui sont sans défense.

En France, « Quand on voit une pie, tant pis ; quand on en voit deux, tant mieux. »

Ce proverbe français nous rappelle que lorsque les pies volent par deux, cela signifie que le printemps va arriver car c'est le temps des nids. Tandis que lorsqu'elles volent seules, c'est l'annonce du mauvais temps qui revient.

Dans la plupart des départements français, la pie bavarde, en tant que corvidé, est considéré comme une espèce « à risque », le nouveau terme juridique pour les « nuisibles », qui prend en compte leur services écosystémiques : élimination des cadavres, régulation de certaines de leurs proie etc Bien que protégée dans de nombreux pays d'Europe occidentale, cet oiseau mal-aimé, est considéré comme « régulable par piégeage » sur le territoire français. Son nid est généralement placé sur un arbre élevé dans les bois, mais dans d'autres pays, les buissons et les arbres proches des habitations sont aussi fréquemment choisis. Le nid est ingénieusement tissé de brindilles et de boue, et tapissé de fines racines. Il est recouvert d'un dôme de rameaux, un petit trou étant laissé sur le côté pour que l'oiseau puisse entrer et sortir, et toute la structure est protégée par des épines acérées.

A présent, le Faisan chante dans les bois, des canetons et des oisons duveteux apparaissent dans les cours des fermes. La Grive litorne et d'autres visiteurs hivernaux retournent sur le Continent, le Traquet motteux et le Torcol fourmilier arrivent ; peut-être aussi l'Hirondelle la plus précoce.

Le Traquet motteux (*Saxiola œnanthe*) fréquente les terrains ouverts − les marais, les bergeries, les champs labourés et les côtes sont ses lieux de prédilection ; un tas de pierres, un terrier de lapin ou un tas de tourbe séchée sont des sites choisis pour les nids. Le Traquet motteux se reconnaît facilement à la blancheur de sa queue et de ses parties inférieures, ainsi qu'à sa rayure noire de l'oreille au bec. Son chant est doux mais léger, composé de quelques notes seulement, qui sont généralement émises en vol.

Le Torcol fourmilier (*Lyngidœ torquilla*) est connu pour être le compagnon du Coucou, en raison de son apparition, peu de temps avant cet autre oiseau. C'est aussi l'arrivé de l'Anhinga, avec sa curieuse habitude d'allonger son cou, d'étendre les plumes de sa tête et de siffler vigoureusement lorsqu'un intrus s'approche de son nid, tout en faisant entrer et sortir sa langue à la manière d'un serpent. On n'en connaît que quatre espèces, dont une habite l'Europe et l'Asie, et les trois autres restent concentrées sur l'Afrique. On pense que l'espèce européenne (*Lyngidæ. torquilla*) hiverne en Afrique du Nord, son aire de répartition s'étendant jusqu'à l'Abyssinie à l'est et la Sénégambie à l'ouest. Ses œufs sont pondus sur le bois tendre au fond de trous dans les arbres, sa langue flexible est particulièrement adaptée pour attraper les fourmis, son principal aliment.

Outre les Fourmis, les Abeilles sont réveillées et l'on peut trouver diverses Chenilles, notamment celles du Tabac d'Espagne, du Grand papillon blanc, de la Frangée et de l'Écaille martre, cette dernière créature à fourrure étant connue de tous ici sous le nom d'Ours laineux. La Couleuvre à collier ou la Couleuvre verte font leur apparition, la Taupe soulève de petits tas de terre, les Écureuils courent agilement d'un rameau à l'autre, le Hérisson chasse pendant les soirées chaudes, tandis que

« Le prudent poisson
Qui, pendant tous les mois d'hiver, s'est caché
Au fond des ruisseaux, remonte à la surface,
Charmé par la douce influence du soleil,
A la poursuite de divers mouches et moucherons
Qui planent au-dessus de la surface. »

Le Grand Campagnol ou Rat taupier (*Arvicola amphibius*) traverse rapidement le fossé à la nage pour rejoindre le nid douillet de la rive où se trouvent sa compagne et ses petits. La Loutre, elle aussi, dans son repaire ou sa « hutte », près de l'eau, sous les racines d'un arbre en surplomb ou dans une fente rocheuse, possède un nid douillet fait d'herbe et de graminées dans lequel les petits, nés en mars ou avril, sont soigneusement gardés par la mère. La Loutre européenne (*Lutra vulgaris*), un animal nocturne et qui n'hiberne pas, appartient à la même famille que le Blaireau et la Belette. Cette espèce sera bientôt exterminée en raison de la dégradation des habitats aquatiques et humides par les hommes ainsi que la pollution et la raréfaction de leurs proies. Izaak Walton, l'auteur anglais du Parfait Pêcheur à la ligne, après la description d'une chasse à la Loutre, nous dit que la « bête-poisson peut marcher sur terre sur une distance de cinq, six ou dix milles en une nuit », qu'elle « dévore beaucoup de poissons, en tue et en gâte beaucoup d'autres » et que « sa peau vaut dix shillings pour faire des gants ». La belle fourrure, qui est aujourd'hui principalement utilisée pour les garnitures, est de bonne qualité, le duvet est doux et d'une couleur grisâtre nuancée de brun, entrecoupé de longs poils épais d'un riche châtain, tandis que les parties inférieures du corps sont blanches. Les oreilles sont petites, les pieds sont palmés et munis de griffes, et les narines sont formées de telle sorte qu'elles peuvent être fermées lorsque la créature plonge. En tant qu'animal aquatique, la Loutre était considérée comme du poisson, et sa chair, que l'on dit très appétissante, était autorisée les jours de jeûne.

Sous la chaleur croissante du soleil, les Aulnes, les Érables, les Bouleaux et les Tilleuls étendent rapidement leurs feuilles. Les bourgeons des Marronniers d'Inde se gonflent ; l'Orme est couvert de petites fleurs roses ; l'Orme de montagne, parfois appelé Noisetier de montagne (*Ulmus montana*) est également en fleur ; et les différents Peupliers étendent leurs chatons. Ceux du Peuplier noir (*Populus nigra*) ressemblent beaucoup à de jeunes chenilles rouges lorsqu'ils se retrouvent au sol, après un vent fort. Le mince pétiole de la feuille du Tremble (*Populus tremula*), en conjonction avec la largeur de la feuille, provoque le mouvement de frémissement constant auquel fait allusion son nom scientifique latin de *tremula* et qui est expliqué, dans la fantaisie populaire, par l'idée que le bois de la Croix de Jésus Christ aurait été fabriqué à partir de cet arbre. Mais voici une autre légende moins connue: « À l'heure terrible de la Passion, de l'arbre le plus haut à la fleur la plus basse, tous ont ressenti un frisson soudain et ont baissé la tête en tremblant – tous sauf le Tremble fier et obstiné, qui a demandé : 'Pourquoi devrions-nous pleurer et trembler ? Nous, les arbres, les plantes et les fleurs, sommes purs et n'avons jamais péché !' Avant qu'il ne cesse de parler, un tremblement involontaire s'est emparé de chacune de ses feuilles, et la parole s'est répandue qu'il ne devrait plus jamais cesser, mais trembler jusqu'au jour du Jugement. »

Les fleurs du Prunellier (*Prunus spinosa*) ressemblent à celles de l'Aubépine, bien qu'elles soient plus grandes et moins en forme de coupe ; elles se distinguent toutefois facilement de ces dernières, car chez le Prunellier, les fleurs apparaissent avant que l'arbre ne soit en feuilles. Le noir de son nom anglais « *Blackthorn* », fait référence à la couleur de son écorce, différente de celle, plus claire, du « *Whitehorn* » ou de l'Aubépine.

Anemone nemorosa

L'Anémone des bois, la Violette, le Narcisse, le Souci des marais, le Lierre terrestre, la Petite Pervenche, la Gagée jaune, la Véronique à feuilles de lierre, l'Euphorbe des bois, la Dorine, ainsi que le Cresson doré, la Cardamine hirsute et la petite Luzule champêtre viennent compléter notre liste de fleurs.

L'Anémone des bois ou Anémone Sylvie (*Anemone nemorosa*) tire son nom du grec « *anemos* » (ἄνεμος), vent , car les fleurs s'agitent au vent et leurs arrêtes plumeuses en indiquent la direction. D'après le mythe grec, Anémone était la plus belle des nymphes. Le dieu du vent, Zéphyr, tomba sous son charme ce qui suscita la jalousie de son épouse, la déesse Flore. Cette dernière éloigna la jeune fille de son mari, mais il retrouva Anémone grâce à son parfum prononcé. De rage, Flore transforma la nymphe en fleur et lui ôta son parfum. Depuis, l'anémone danse avec le vent et on dit qu'elle ne s'épanouit pleinement que lorsque souffle un léger zéphyr.. Il existe aussi une autre version de l'histoire : Zéphyr aurait abandonné Anémone à son frère Borée, « qui, incapable de gagner son amour, flétrit, par la rudesse de son étreinte, ses charmes à peine dévoilés ». Une autre vieille légende nous dit encore que la fleur serait le fruit de la mort d'Adonis, dieu de la végétation et de la nature : un jour, chassant sur le Mont Liban, Adonis affronta un sanglier. L'animal blessé le chargea et le jeune homme s'effondra, blessé mortellement à la jambe. Vénus aurait versé autant de larmes qu'Adonis perdit de gouttes de sang ; de chaque larme de Vénus naissait une rose et de chaque goutte de sang d'Adonis naissait une anémone.

Une autre légende encore, nous dit que, lorsque la déesse en deuil errait dans les forêts, Zéphyr, prenant pitié de sa détresse, transforma ses larmes en fleurs.

« Fleurs du vent,
Si ravissantes,
Larme tombée de l'œil de Vénus,
Notre anémone des bois. »

Les Allemands appellent cette fleur *Windröschen*, la petite rose des vents, et les Hollandais *Paschbloem*, la fleur de Pâques. Notre propre Anemone pulsatille (*Anemone pulsatilla*) est une espèce rare d'anémone aux fleurs lilas, qui pousse dans les hauts pâturages. On trouve parfois deux autres espèces, l'Anémone jaune (*Anemone ranunculoides*) et l'Anémone bleue des Apennins (*Anemone apennina*), mais seulement comme des solutions à la culture. Les Anémones ne possèdent pas de pétales, les grands sépales colorés forment la fleur, et sous la fleur se trouvent trois bractées feuillues. La plante, qui possède une feuille trifoliée, est un symbole de la Sainte Trinité et est connue sous le nom de Herba Trinitatis. C'est également une fleur de fée, ses marques violettes étant attribuées aux doigts de fée, tandis que, la nuit et par mauvais temps, on dit qu'un petit elfe se niche confortablement dans cet abri en forme de cloche. Une vieille superstition recommande de conserver la première Anémone vue dans l'année comme un charme contre la maladie, raison pour laquelle
« La première anémone du Printemps
En sûreté dans son pourpoint,
Le protègera des dérangements,
Sur son chemin. »

L'Anémone écarlate, connue sous le nom de Goutte de Sang du Christ, est l'une des gloires de la Palestine au printemps, et aurait poussé au pied de la Croix où le sang sacré coula et lui donna sa teinte.

La Violette odorante (*Viola odorata*) est la fleur de l'amour et de la mort. John Milton, auteur du poème épique Le Paradis perdu, nous dit que,

« Sous les pieds la violette, le safran, l'hyacinthe, en riche marqueterie brodaient la terre, plus colorée qu'une pierre du plus coûteux dessin. »

Tandis que pour le cercueil de Lycidas, il demande « la rougissante violette ». Le poète Edmund Spenser, lui, parle de « la violette bleue » comme étant l'une des fleurs formant « le bouquet du marié ». Enfin, la Marina de Shakespeare apporte des violettes pour les accrocher sur la tombe de sa nourrice (dans Périclès, Acte IV, Sc. I.). Et puis, qui pourrait bien oublier la référence touchante de la pauvre Ophélie (dans Hamlet, Acte IV. Sc. 5) ? Les Grecs et les Romains tenaient cette plante en haute estime, et Mohammed estimait qu'elle surpassait toutes les autres fleurs. Chez les Scandinaves, c'était la fleur de Tyr, le dieu de la guerre, et c'était l'emblème préféré de Frédéric 1er d'Allemagne et de Napoléon 1er, qui était connu de ses partisans sous le nom de « Caporal Violette » : durant l'exil de Napoléon 1er sur l'île d'Elbe, en 1814, soit une année avant son abdication. Les Bonapartistes choisirent d'ailleurs, comme emblème, la violette à cause du dernier message de Napoléon à ses supporteurs après la Capitulation de Paris. Il leur disait qu'il reviendrait avec les violettes. Ils surnommèrent donc Napoléon « Caporal Violette », du nom de cette petite fleur qui revient avec le printemps. Enfin, Pline, l'écrivain et naturaliste de la Rome antique, recommandait une guirlande de violettes pour prévenir et guérir les maux de tête, elles sont d'ailleurs toujours utilisées en médecine et en confiserie.

Le Narcisse jaune (*Narcissus pseudo-narcissus*) appartient, comme le Perce-neige, à la famille des Amaryllidacées. Son nom scientifique vient du grec *narkissos* (νάρκη), « torpeur », en allusion aux qualités narcotiques de la plante qui, selon Homère, « réjouit le ciel, la terre et les mers par sa beauté, mais en même temps, provoque stupidité, folie et même la mort. » En référence au rapt de Perséphone : « Il se trouvait là une plante merveilleuse à voir, un narcisse que Gaïa avait fait pousser comme un crocus. Transportée de joie, je le cueillis ; mais au-dessous la terre s'entrouvrit, le roi insatiable en sortit et, malgré ma résistance, m'emporta sous terre dans son char d'or. » Comme l'Anémone et le Crocus, il tient son nom d'une légende : un beau jeune homme bœotien que Némésis rendit amoureux de son propre reflet, et à cause duquel, à force de se mirer, tomba dans l'eau et s'y noya. Par contre nous ne savons toujours pas exactement si c'était bien un Narcisse qui fit tomber Perséphone dans le char d'or d'Hadès.
En France la fleur est connue sous le nom de Jeanette jaune et Narcisse des prés. Comme la Violette, le Narcisse est une fleur funeste, dont Milton parle ainsi :
« Le narcisse de pleurs emplisse son calice,
Pour joncher le cercueil lauré de Lycidas. »

L'autre poète anglais, Robert Herrick promet que
« En chantant ton chant funeste, nous déposerons
Le Narcisse
Et d'autres fleurs, sur

L'autel de notre amour, ta pierre. »

Tandis que William Wordsworth clame :
« J'errais solitaire comme un nuage
Qui flotte au-dessus des vallées et des monts,
Quand tout-à-coup je vis une nuée,
Une foule de narcisses dorés ;
À côté du lac, sous les branches,
Battant des ailes et dansant dans la brise. »

Le Souci des marais (*Caltha palustris*) les « bourgeons souriants de Marie » de Shakespeare, est ainsi appelé à partir du Souci officinal (*Calendula officinalis*) l'or de Marie, car cette espèce est en fleur lors des différentes fêtes de la Sainte Vierge, qui l'aurait portée sur sa poitrine. Le nom botanique vient du grec κάλαθος, pour coupe, en allusion à la forme de la fleur qui, comme celle de l'Anémone, est dépourvue de pétales, les coupes dorées étant formées par les sépales de couleur vive. Ses autres noms anglais sont *May blob, Goul, Goulan, Water-dragon, Horse-blob*, etc. En Allemagne, c'est la *Dotterblume*, la fleur du jaune d'œuf ; en Italie, le *Fiorrancio*, la fleur de couleur orange ; en Hollande, le *Goudbloem*, la fleur d'or ; en Espagne, la *Yerba centella* ; en France, la Caltha des marais, le Populage ou la Coupe des marais ; tandis que c'est la *Cowslip* des États-Unis. On dit que si le Souci des marais n'a pas ouvert ses fleurs à sept heures du matin, on peut s'attendre à de la pluie ou du tonnerre. Les bourgeons verts non ouverts sont parfois utilisés comme substitut aux câpres.

Le Lierre terrestre (*Nepeta glechoma*) est abondant dans toutes les haies, et est décrit ainsi par l'évêque d'Irlande Richard Mant (écrivain prolifique sur l'Histoire de l'église d'Irlande)

« Et là, sur le gazon en contrebas

Les fleurs violettes du lierre terrestre apparaissent,

Comme le casque d'un chevalier Croisé,

Portant ses anthères blanches en forme de croix. »

Cette plante, qui appartient au même genre que la Menthe des chats (cataire), a une forte odeur aromatique et était autrefois utilisée à la place du Houblon.

Le nom scientifique de la Petite Pervenche (*Vinca minor*) est dérivé du latin *vincio*, relier, en raison de ses longues tiges tombantes.

La Dorine à feuilles opposées (*Chrysosplenium oppositifolium*) est une petite plante de 5 à 10 centimètres de hauteur, avec des fleurs vert jaunâtre en grappes plates. Comme la Dorine à feuilles alternes ou Cresson doré (*Chrysosplenium alternifolium*), elle pousse dans les milieux humides ; la disposition différente des feuilles, opposées dans un cas, alternes dans l'autre, permet de distinguer l'espèce. Une autre plante humble est la Cardamine hirsute (*Cardamine hirsuta*) dont les minuscules fleurs blanches sont communes un peu partout. Elle varie de 5 à 10 centimètres, et peut être reconnue par ses longues gousses, qui s'enroulent et dispersent les graines à une distance considérable. La Luzule champêtre (*Juncoides campestre*) est également connue sous le nom d'herbe du Vendredi Saint et herbe des ramoneurs, car les grappes de petites fleurs brunes et noires rappellent le balai des ramoneurs ; les feuilles étant étroites et velues. On aimerait bien s'attarder parmi les plantes les plus rares, mais comme les « stupides » Moutons, nous devons nous éloigner, ne nous arrêtant qu'un instant pour admirer notre jardin ou celui d'un voisin.

« Si délicate, si aérienne,
L'amande sur l'arbre,
Les fleurs roses qu'une bonne fée
Aura fait pour toi et moi.
Un petit nuage de roses,
Dans un monde de gris,
La fleur d'amande se dévoile,
Un jour sauvage de Mars. »

Katharine Tynan

Chapitre IV

Avril

« Puis vint le frais Avril, plein de luxure,

Et dévergondé comme un chevreau dont les cornes viennent de bourgeonner :

Il chevauchait un taureau, le même qui conduisait

Europe à travers les flots de l'Argolique :

Ses cornes étaient toutes ornées de clous d'or,

Et garnies de guirlandes dorées,

Et de toutes les plus belles fleurs et les plus frais bourgeons

Que la terre puisse produire ; et il semblait humide à la vue

Des vagues, dans lesquelles il pataugeait pour le délice de son Amour. »

Spenser

Humide, en effet, car les jours d'averse ne sont-ils pas caractéristiques du « temps d'avril, pluie et soleil à la fois », et pourtant « il n'est si gentil mois d'avril qui n'ait son chapeau de grésil. »

Et « jamais mois d'avril ne fut si beau, qu'il n'y eût de la neige à plein chapeau. »

Pourtant, le temps froid et venteux est également favorable, car par « un avril froid, la grange se remplira ».

Et, faisant référence à la corne d'abondance,

« Quand Avril souffle dans sa corne

C'est bon pour le foin et le maïs. »

car

« Mars venteux, avril pluvieux rendent le paysan heureux »

et

« Le raisin d'avril n'entre pas dans le baril. »

Les Français disent aussi que

« Averil le doux,

Quand il se fâche le pire des tous ».

Tandis que pour les Italiens, avril et mai sont les clés de l'année comme pour les Espagnols qui possèdent aussi ce proverbe : « Je vous donnerai le monde entier si vous me donnez avril et mai. »

Dans la France révolutionnaire du 18e, qui débutait avec l'automne, ce mois était le 8e de l'année : le mois de Floréal, pour « l'épanouissement des fleurs » – correspondant, à quelques jours près (selon l'année), à la période allant du 20 avril au 19 mai du calendrier grégorien, il suivait le mois de Germinal et précédait celui de Prairial.

A présent, les oiseaux chantent, les plantes poussent, les insectes bourdonnent, les arbres déploient leurs tendres feuilles, les bosquets et les prairies sont garnis de « toutes les plus belles fleurs ou les plus frais bourgeons que la terre puisse produire ».

« Avril, avec sa bêche et son pieu,

Plante une fleur sur chaque colline. »

Et comme le dit précise le philosophe et historien français Hippolyte Taine, dans l'Histoire de la littérature anglaise

« Cultive le grain et fait pousser les semences,

Fait jaillir la nature sauvage dès maintenant,

Et chante le coucou. »

Une légende allemande raconte que le Coucou était autrefois un boulanger qui avait l'habitude de se servir une part dans la pâte et de crier « *gukuk, gukuk* » , « regarde, regarde », pour détourner l'attention lorsque les pains étaient sortis du four. Pour sa malhonnêteté, il fut changé en oiseau portant des taches blanches, comme de la farine, sur ses plumes et condamné, à jamais, à répéter son cri, d'où son nom allemand de *Becker knecht*, valet-serviteur. Selon l'auteur et antiquaire John Timbs, « le coucou commence à chanter au début de la saison avec l'intervalle d'une tierce mineure, l'oiseau passe ensuite à une tierce majeure, puis à une quarte, puis à une quinte, après quoi sa voix se brise sans atteindre une sixte mineure... de cet oiseau a été dérivée la gamme mineure... le couplet du coucou étant la tierce mineure chantée vers le bas ». (*A Garland for the Year*).

Le Coucou gris (*Cuculus canorus*) est un oiseau assez grand, mesurant un peu plus de trente centimètres de long et dont l'aire de répartition est très étendue. Ses œufs sont petits par rapport à sa taille, et des recherches récentes montrent qu'il en pond un grand nombre, peut-être vingt, en une saison. Ceux-ci sont produits à intervalles réguliers, et on pensait autrefois qu'ils étaient transportés dans le bec de la mère jusqu'au nid d'autres parents nourriciers, un seul œuf étant déposé dans chaque nid. Ce dernier était soigneusement choisi pour correspondre à celui dans lequel l'oiseau lui-même avait été élevé. Les précieuses recherches et les films photographiques de M. E. P. Chance ont cependant démontré que dans de nombreux cas, l'œuf est réellement pondu dans le nid, le Coucou y prenant d'abord un œuf déjà présent et le tenant dans son bec pendant qu'il pond le sien. Ensuite, il recule hors du nid, la queue en premier, laissant ainsi l'herbe et le feuillage de devant intactes. Puis, volant vers un arbre éloigné, il ajoute l'insulte à la blessure en dévorant l'œuf volé.

Faire tourner sa monnaie entre ses doigts la première fois que l'on entend le Coucou est une coutume très ancienne, et il est heureux d'avoir à la fois de l'argent et un couteau dans sa poche à cette occasion car alors, on ne manquera ni de richesse ni de divertissement pendant toute l'année. Si les jeunes filles demandent à l'oiseau la date de leur mariage, chaque « coucou » représentera une année, et l'heure de la mort peut être déterminée de la même manière par les personnes plus âgées. Cette dernière coutume remonte environ au 13e siècle, car le moine cistercien Césaire (1222) raconte qu'un homme, qui se rendait dans un monastère, entendit un Coucou et s'arrêta pour compter le nombre de ses appels – vingt-deux. « Oh », dit le futur novice, « puisque j'ai encore vingt-deux ans à vivre, pourquoi devrais-je me mortifier dans un monastère pendant tout ce temps ? Je m'en irai vivre gaiement pendant vingt ans, et il sera bien assez temps de me livrer au monastère pour les deux autres. »

Le Rossignol (*Erythacus luscinia*) revient tranquillement en avril, et ses notes sont d'une exquise fluidité. Ces notes, selon le poète John Milton, « entendues pour la première fois avant le chant superficiel du coucou, annoncent le succès en amour. ».
Le Rossignol est une espèce de petits passereaux qui a longtemps été classée dans la famille des *Turdidae* (la famille des Merles) et donc au même genre que le Merle d'Amérique : les jeunes de ces deux espèces, comme divers membres des *Turdidæ*, ont la poitrine tachetée de la vraie Grive.
Il est désormais inclus dans celle des *Muscicapidae* (famille des Gobe-mouches)

Delichon urbicum

La première des Hirondelles à apparaître est la petite Hirondelle de rivage brune (*Hirundo ou Chelidon riparia*) qui creuse un tunnel de sept à dix centimètres de long, généralement dans un banc de sable, dans lequel elle place son nid d'herbe et de plumes ; le tunnel est incliné vers le haut pour empêcher l'humidité d'y pénétrer, et il est réutilisé année après année. L'Hirondelle de fenêtre ou domestique (*Hirundo ou Delichon urbicum*) se distingue facilement de l'Hirondelle rustique (*Hirundo ou Chelidon rustica*) par la tache blanche sur son dos, ses parties inférieures d'un blanc pur et sa queue carrée, tandis que l'Hirondelle rustique, légèrement plus grande, n'a pas de tache, mais porte une longue queue fourchue et un collier noir au-dessus de sa gorge châtain. Partout, les Hirondelles sont des visiteuses bienvenues, et la plupart des pays européens possèdent une variante de cette rime :

« Les Rouge-gorges et les Troglodytes
Sont les amis de Dieu tout-puissant ;
Les Merles et les Hirondelles
Sont les savants de Dieu tout-puissant ».

tandis que

« Le Merle et le Rouge-gorge, le Martinet et l'Hirondelle,
Si vous prenez un de leurs œufs, la malchance viendra sûrement ».

Néanmoins, le folklore chrétien, n'est pas flatteur pour les Hirondelles car elles sont les seules, parmi les oiseaux, à jacasser et à voler comme à leur habitude pendant les heures redoutables de la Crucifixion. Le récit littéraire de la mort de Jésus se déroule dans un cadre marqué par un rythme de trois heures dans l'Évangile selon Marc : Jésus est crucifié à la troisième heure (9 heures du matin), les ténèbres débutent à la sixième heure (à midi) et la mort survient à la neuvième heure (trois heures de l'après-midi). C'est pourquoi les hirondelles ne doivent jamais se reposer, mais chercher leur nourriture dans des lieux déserts et désolés. De plus, une Hirondelle aurait volé la bobine de fil et les ciseaux avec lesquels la Sainte Vierge travaillait, et les aurait cachés, en niant le vol. C'est pourquoi, l'oiseau porte, à jamais, la preuve de sa culpabilité, la bobine blanche sur sa poitrine et les ciseaux dans sa queue fourchue.

Le Martinet (*Micropus apus*) a une apparence très similaire à celle des Hirondelles, bien qu'il soit en réalité apparenté aux Colibris et aux Engoulevents. Il arrive en avril ou en mai, et repart en août. En vol, il est plus rapide que n'importe quel oiseau européen, d'où son nom anglais de *Common-Swift* : *"swift"* pour "rapide". Pendant qu'il vole, il effectue des virages rapides et soudains, plutôt comme une Chauve-souris que comme un oiseau. Ces caractéristiques, associées à ses ailes en forme de faucille et à son corps sombre, permettent de le distinguer des Hirondelles. Il mesure environ quinze centimètres de long et son chant est un cri aigu et court, alors que celui de l'Hirondelle est un doux gazouillis. Les Martinets ne se posent jamais sur le sol ou sur un arbre, et construisent leurs nids dans les trous des murs, des falaises, ou sous les pentes de toits des maisons, avec de la paille et des plumes tirées de leurs ailes.

La Fauvette à tête noire (*Sylvia atricapilla*), dont le chant n'a d'égal que celui du Rossignol, et la jolie petite Fauvette grisette (*Sylvia rufa*), arrivent en avril, cette dernière construisant son nid dans un buisson bas ou parmi les orties. Le Pipit des prés, également connu sous le nom de Pipit des bois ou jaloux (*Anthus arboreus*) chante joyeusement en s'élevant vers les nuages, et la Mésange à longue queue, la Linotte, le Pinson et le Tarier des prés sont occupés à tisser de l'herbe, des poils, de la mousse, etc. Le Troglodyte fait une structure en forme de dôme dans un talus ou à la racine d'un arbre, le Bouvreuil utilise des brindilles et de fines racines, le Pipit des prés, lui, construit sous une touffe d'herbe. Le Tadorne de Belon (ou Oie-renard) et le Chevalier gambette se trouvent près du rivage, le premier dans un terrier sablonneux, d'où son autre nom de Canard des terriers, le second sous une touffe d'herbe ou un arbuste bas. Le Grèbe huppé et le Grèbe castagneux placent leur nid de feuilles emmêlées presque sur l'eau, et le Râle d'eau le place sur le bord, tandis que le Cygne sauvage est déjà assis sur son « nid parmi les roseaux ». Comme tous les oiseaux aquatiques, les jeunes sont recouverts d'un duvet cotonneux et s'adaptent à leur milieu naturel avec une rapidité surprenante.

On trouve maintenant les chenilles de la Zérène du groseillier ou la Phalène mouchetée (*Abraxas grossulariata*), les larves reproduisant le fond blanc, tacheté de noir et de jaune, de l'insecte adulte, mais également d'autres chenilles et divers papillons de nuit, y compris l'Orthosie du cerisier, le papillon la Promise, la Noctuelle du pin, la Brèche et la Phalène hérissée, ainsi que l'Aurore et l'Azuré des nerpruns ou l'Argus à bande noire.

À présent, le Sycomore (ou Grand Erable), le Charme, le Peuplier noir et blanc, le Hêtre et le Chêne déploient leurs feuilles. Le Hêtre est couvert de chatons tombants comme de petites boules, le Chêne arbore des glands jaune-vert, le Frêne aussi déploie ses curieuses fleurs sombres, et le Mélèze est magnifique avec ses « plumets rosés ». Les graines seront dispersées au printemps prochain, mais les cônes resteront sur l'arbre pendant plusieurs années. Le Mélèze, contrairement aux autres conifères, perd ses feuilles en automne, mais il est intéressant de noter que les jeunes arbres sont partiellement à feuilles persistantes pendant leurs quatre premières années, ce qui est manifestement une survivance d'un état antérieur. La plupart des Saules, fleurissent en avril. Parmi eux, les Saules Marsault se distinguent par leurs chatons dorés, véritables trésors pour les insectes affamés, notamment les abeilles, qui stockent le miel et utilisent le pollen pour leur pain d'abeille. Comme tous les Saules, ces différentes espèces sont dioïques, ce qui signifie qu'il existe des arbres mâles et des arbres femelles, nécessitant une pollinisation des fleurs femelles par le vent ou les insectes afin que la fécondation puisse se faire. L'arbre femelle porte les chatons argentées pistillés et l'arbre mâle les chatons d'or staminés, d'ailleurs portées dans le nord de l'Angleterre le dimanche des Rameaux (le dimanche qui précède le dimanche de Pâques dans le calendrier liturgique chrétien). Les réceptacles des graines s'allongent pour former des capsules qui s'ouvriront, et les graines, chacune enveloppée d'un duvet cotonneux, seront transportées en nuages par le vent.

« A Rome, pour le dimanche des Rameaux,
Ils portent de véritables Branches :
Les cardinaux s'inclinent avec révérence,

Et chantent de vieux Psaumes :
Ailleurs ces Psaumes sont chantés
Au milieu des branches d'Olivier :
Le Houx leur laisse une place.
Parmi les avalanches :
Les climats plus nordiques doivent se contenter
Du triste Saule. »

> *Catalogue of the Vegetable Productions of the Presidency of Bombay*
> de G.C.M. Birdwood

L'if est, et était, un ornement ecclésiastique, ce qui explique très probablement la présence de cet arbre, ainsi que celle du Saule, dans les cours d'église. Le Saule blanc ou de Huntingdon (*Salix alba*), aux feuilles duveteuses, et le Saule fragile (*Salix fragilis*), appelé ainsi parce que ses rameaux se cassent d'un coup sec, sont souvent étêtés ; le Saule brun de Norfolk, ou Saule-amandier (*Salix triandra*) est fréquemment coupé et traité comme un osier.

Dans les bois, le Sorbier torminal (*Pyrus torminalis*) est en fleur, à certains endroits on trouve le Poirier sauvage, ancêtre de notre Poirier cultivée, ainsi que les Groseilliers sauvages, Noires et Rouges, ancêtres des variétés de nos jardins. En dessous, le sol est couvert de Primevères, de Violettes, d'Anémones des bois et des délicates Clochettes de l'Oseille des bois.

« Le tapis froissé des feuilles sèches et brunes
Ne parvient pas à faire obstacle aux pieds de Jacinthe. »

Robert Bridges

La Jacinthe des bois ou Jacinthe sauvage (*Scilla festalis ou nutans*) était autrefois connue sous le nom de Campanule, et est ainsi appelée dans le *Naturalists' Calendar* de White.

Gilbert White était un naturaliste anglais et un pasteur. En 1751, peu de temps après son ordination, White commença un journal dans lequel il nota les observations faites dans son jardin. Ce récit fut finalement publié sous la forme d'un Calendrier de la Flore et du Jardin en 1765. Nous y lisons que

« Le jour de la Saint-Georges, lorsqu'on porte du bleu,

Les campanules bleues ornent le champ. »

En revanche, la Jacinthe d'Écosse est notre Campanule à feuille ronde actuelle (*Campanula rotundifolia*). L'origine de l'ancienne coutume consistant à porter un manteau bleu le jour de la Saint-Georges, le 23 avril, nous est inconnue, mais il est fait allusion à cette pratique dans une vieille pièce de théâtre du nom de *Ram Alley*. « Je serai chevalier, je porterai un manteau bleu le jour de la Saint-Georges. » *Ram Allay* est la seule pièce du dramaturge irlandais David Barry, mort trop jeune semble-t-il pour avoir pu écrire autre chose et faire sa renommée.

Le jus épais et visqueux de la Jacinthe Sauvage était autrefois utilisé pour raidir le linge. Le nom a été donné en mémoire du jeune et beau Hyacinthe, tué par le jaloux Zéphyr qui détourna le lourd disque lancé par Apollon sur la tête du malheureux. Après avoir vainement tenté de le ramener à la vie, Apollon fit naître de son sang une belle fleur.

Selon une autre légende que celle de Hiacynthe, la Jacinthe est née du sang d'Ajax, compagnon d'Achille, à la suite des circonstances suivantes : mécontent que l'armure d'Achille revint à sa mort à Ulysse, Ajax voulut attaquer ses alliés. Athéna l'en empêcha : elle embruma l'esprit du pauvre Ajax qui se lança à l'assaut… d'un troupeau de moutons. Au matin, revenu à lui, constatant sa méprise et dépité de son comportement ridicule, Ajax ne put survivre à l'affront. Il planta son épée dans le sol et, comme Achille, s'en transperça. C'est de son sang que naquit la Jacinthe. On peut lire, dans la forme des pétales, les lettres A et I, premières lettres d'Ajax. « Ai » signifiant aussi « Hélas » (le J n'existant pas dans l'alphabet grec c'est le I Iota qui le remplace ici).

L'espèce typique anglaise étant dépourvue de ces marques, elle est connue sous le nom de *Hyacinthus non-scriptus*, non-inscrite. Une autre espèce du même genre, la Scille du printemps (*Scilla Verna*), pousse sur les côtes et porte des grappes de fleurs bleues étoilées.

Avec les Jacinthes, nous trouverons probablement l'Orchis mâle (*Orchis mascula*) : c'est l'Orchis du fou dans le calendrier de White ; de sa racine tubéreuse était extrait le salep si populaire autrefois.

La Primevère (*Primula acaulis*) du latin *primus*, en allusion à son apparition précoce, donne son propre nom à sa couleur, que le révérend Charles Alexander Johns, dans ses *Flowers of the Field*, décrit comme « un jaune pâle, ou comme les artistes le soutiennent souvent, un vert délicat ». Notons que ce Charles Alexander Johns était un botaniste et éducateur britannique du 19e siècle, auteur d'une longue série de livres populaires sur l'histoire naturelle.

Edmund Spenser, dans sa première grande œuvre poétique *Shepherd's Calendar*, parle de « la primevère verte ». En admiration devant la première œuvre de Virgile, *les Eclogues*, Spenser écrivit cette série de pastorales au début de sa carrière. Cependant, ses modèles sont habituellement les églogues (petits poèmes pastoraux ou champêtres) de la Renaissance de Mantuanus.

Au 15e siècle, Geoffrey Chaucer parle de la « primerolle » et John Lydgate de « *the froisshe prymerollys* », mais il n'est pas certain qu'il s'agisse de la plante en question, car à une certaine époque, la Pâquerette, et plus tard la Primevère officinale, était la *Fiore di prima vera*, fleur du début du Printemps, contractée en « *primaverola* » et francisée en « *Primverole* ». Plus tard, le dramaturge Ben Jonson parlera de « la goutte de primevère, l'épouse du printemps », la fleur étant d'ailleurs utilisée dans les divinations amoureuses, tandis que la légende parle de Paralisos, le fils de Flora, qui se languissait et mourut lorsqu'il fut séparé d'une nymphe aimée, transformée par sa mère en Primevère. Primrose Hill, à Londres, doit aussi son nom aux fleurs qui y poussaient autrefois.

La légende de Sir Owain dans les récits médiévaux gallois, et qui fut repris dans la légende arthurienne avec le chevalier Yvain, nous parle ici du Paradis des heureux :

« Féérique étaient ses herbes fleuries,

Rose et lilas, de diverses couleurs,

Primevère et Pervenche. »

La Violette de Rivin (*Viola riviniana*) se distingue de la Violette sauvage des bois (*Viola silvestris*) non seulement par sa couleur, mais aussi parce que la première possède de nombreuses nervures ramifiées dans la pétale inférieure, alors que la seconde n'en possède que quelques unes parallèles. Le bouton de la Violette des chiens (*Viola canina ou ericetorum*) est jaune, la Violette des marais (*Viola palustris*) est commune sur les sols tourbeux, tandis que la Violette hérissée (*Viola hirta*) pousse sur les sols calcaires, et nous les distinguons fort bien par la différence de leurs feuilles.

Oxalis acetosella

Les feuilles vertes et délicates de l'Oseille des bois (*Oxalis aceto-sella*) sont si sensibles au froid qu'elles se ferment non seulement la nuit mais aussi le jour quand le temps est mauvais. Le grand Ge-rarde, si célèbre pour son grand herbier, les décrit comme étant
« En forme de cœur à triples plis ; et sa racine
Rampant comme du corail perlé. »
L'oseille des bois est également connue sous le nom d' « Alleluia », car son apparition coïncide avec le retour des chants chrétiens d'Alléluias à Pâques. Avec ces feuilles composées trifoliées en forme de cœurs, il s'agit très probablement du trèfle original cueilli par saint Patrick pour illustrer la doctrine de la Sainte Tri-nité. Le nom scientifique vient du grec *οχύς*, acide ; le célèbre sel de citron et le sel d'oseille sont d'ailleurs préparés à partir de cette plante, dont les feuilles contiennent une saveur citronnée, et qui est également très utilisée en salade.
A présent,
« Quand les pâquerettes pourpres et les violettes bleues,
Et la cressonnette d'un blanc argenté,
Et les fleurs de coucou de jaune vêtues,
Peignent les prairies de tons joyeux. »

William Shakespeare,
Love's Labour's Lost, Act 5, Scene 2. Spring Song.

Cette référence bien connue aux boutons de coucou est la seule de la littérature anglaise, et l'on suppose que les fleurs visées étaient des Primevères officinales ou des Renoncules. Cependant, la Cardamine des prés est aussi largement connue sous le nom de fleur du Coucou. Son autre nom anglais était à l'origine *Our Lady's*

Smock (tablier), en raison de la ressemblance de ses fleurs de couleur pâle avec du linge étendu pour sécher.

Dans le Yorkshire, on dit que le printemps est arrivé quand on peut poser le pied sur neuf Pâquerettes, « ces fleurs perlées de la terre », comme le dit Geoffrey Chaucer dans son poème La légende des bonnes femmes. Le nom scientifique, *Bellis perennis*, vient du latin *bellus* qui signifie « joli ». La plante était déjà connue à l'époque de Pline ; pour les Italiens, c'est *Pratolina*, la fleur des prés, ou *Fiore di Primavera* ; pour les Français, c'est la Marguerite, la perle ; et pour les Allemands Tausendschönchen, les milles beautés. En réalité, il y a une confusion habituelle entre la Pâquerette (*Bellis perennis*) et la Marguerite (*Leucanthemum vulgare*) car elles portent le même nom de « Daisy » en anglais. Les Français parlent de la Marguerite comme d'une perle car, l'origine du mot « marguerite » vient du latin « *margarita* », lui même dérivé des mots « *mare* » et « *caritas* » qui peuvent signifier le « trésor de la mer », la « marque d'amour de la mer », et ainsi donc la « perle ».

Sidney Dobell, dans son charmant poème *Chanted Calendar*, après avoir comparé la Primevère à une jeune fille observant une bataille depuis une tour, et l'Anémone à une personne blessée et ébouriffée « avec des veines violettes de tristesse », dit ceci des Pâquerettes :

« Comme l'avancée d'un spectacle sous les bannières
Tandis que la foule court sur le chemin,
Avec dix mille fleurs autour d'eux
Ils sont venus en trottinant à travers les champs.
Comme un peuple heureux vient,
Ils sont venus.
Comme un peuple heureux vient,

Quand la guerre s'est retirée,
Avec la danse et le timbale, la flûte et le tambour,
Et tous font la fête.
Puis vint la primevère,
Comme une danseuse à la foire,
Elle étend son petit tapis vert,
Et sur celui-ci, elle danse.
Avec un ruban autour de son front,
Un ruban autour de son front heureux,
Un ruban d'or autour de son front,
Et des rubis dans les cheveux. »

Ces rubis sont les « faveurs des fées » dont parle Puck, le lutin de la comédie de Shakespeare dans Songe d'une nuit d'été : le cadeau de Titania, la reine des fées. Un nom anglais pour la Primevère est « *Fairy Cups* », et nous savons tous que « Lorsque les gouttes de pluie commencent à tomber, de petits visages regardent avec nostalgie à travers les brins d'herbe pour trouver une primevère amicale. En un instant, de petites formes en robe de soie grimpent le long des tiges, se précipitant chacune sous la cloche la plus proche. Puis vient une symphonie de douces voix, et celui qui écoute peut entendre, peut-être, une mélodie du pays des fées ». La Primevère officinale (*Primula veris*) est la *Schlüsselblume* allemande, la Fleur-clé qui permet d'entrer dans le Palais de la Nature, ou encore *Himmelschlüsselchen*, la Clé du Ciel. Les anciens herboristes considéraient cette plante comme un remède contre la paralysie et l'appelaient *herba paralysis*.

Comme la Primevère officinale, la Primevère des bois (*Primula elatior*) fait partie de la large famille des Primevères. Le lien étroit entre les deux est facilement visible si l'on sépare une de ces Primevères en deux, car les tiges des fleurs naissent toujours d'une tige commune.

L'Arum tacheté (*Arum maculatum*) appartient à la même famille que l'Arum blanc ou l'Arum calla, et sa spathe vert pâle, la grande bractée en forme de cornet, est reconnaissable entre toutes. À l'intérieur se trouve le spadice, l'inflorescence, en forme de massue, de couleur pourpre ou blanc jaunâtre, entouré au pied par les anthères et les capsules de graines, ces dernières produisant les anneaux de baies écarlates si visibles à l'automne. On ne sait pas si les mouches que l'on trouve si souvent à l'intérieur de la spathe sont emprisonnées uniquement à des fins de fécondation, ce qui, chez l'Arum, est très intéressant et curieux, ou si elles sont utilisées comme nourriture. Les enfants connaissent cette plante sous le nom de « Seigneurs et Dames », les épis violets étant les Seigneurs, ceux de couleur pâle les Dames. Les feuilles, seraient tachetées du sang de Jésus Christ, d'où son nom de « Fleur de la Passion » et de « Gethsémani » : dans les évangiles synoptiques, Gethsémani étant le lieu où Jésus aurait prié avant son arrestation. Ce dernier nom étant également donné à l'Orchis mâle, dont les feuilles sont marquées de la même façon. Bien que l'Arum soit très toxique, car il contient des cristaux en forme d'aiguille qui protègent efficacement ses feuilles du bétail, une sorte de farine était autrefois préparée à partir de la racine.

Il ne nous reste plus qu'à mentionner brièvement les autres fleurs d'avril : la Stellaire holostée (*Stella holostea*), également connue sous le nom de Fleur de Satin et de Viande

Additionnelle ; l'Alliaire officinale (*Sisymbrum alliaria*) aux fleurs blanches en grappes, aux feuilles en forme de cœur et aux grandes dents, et à la forte odeur d'ail ; la Fraise des bois ou Fraise sauvage (*Fragaria vesca*), la Renoncule à tête d'or (*Ranunculus auricomus*), le Lamier jaune ou Ortie jaune (*Lamium galeobdolon*) appelée aussi Archange et, plus prosaïquement, Museau de belette ; la petite Moscatelline (*Adoxa Moschatellina*), la Saxifrage à trois doigts ou Saxifrage tridactyle (*Saxifraga tridactylites*) et La Saxifrage granulée ou Saxifrage à bulbilles (*Saxifraga granulata*), la Mercuriale vivace ou Chou de chien (*Mercurialis perennis*), le Jonc des bois (*Junicoides silvaticum*) et le Jonc velu à larges feuilles (*Junicoides pilosum*), le Cerfeuil sauvage ou commun (*Anthriscus Lepidium hirtum*), la Vesce commune (*Vicia sativa*) et le Géranium Herbe à Robert, le Géranium luisant et le Géranium mou (*Geranium robertianum, G. lucidum et G. molle*), les différentes Véroniques dont la Véronique officinale (*Veronica officinalis*) connue sous les noms d'Oeil d'ange, de Véronique bleue, d'Oeil d'oiseau ou de chat, est l'une des plus familières. Le genre, dont il existe dix-neuf espèces britanniques, est facilement reconnaissable au fait que la plus basse des quatre pétales est plus étroite que les trois autres. Comme la Primevère et l'Anémone, la Petite Véronique est une fleur des fées.

Le Céraiste commun (*Cerastium triviale*) se distingue du Céraiste aggloméré (*Cerastium glomeratum*) par ses tiges éparses et ses grappes de fleurs aux tiges allongées, le Céraiste aggloméré ayant des tiges dressées et des fleurs à tige courte. Les tiges des fleurs du Myosotis versicolor (*Myosotis vericolor*) et du Myosotis hérissé (*Myosotis collina*) s'enroulent en serpentant jusqu'à l'ouverture de la fleur. Ces deux espèces appartiennent au genre Myosotis, la première portant des fleurs jaune pâle qui deviennent ensuite bleues, la seconde, plus petite, des fleurs d'un bleu éclatant. Nous pouvons, à présent, trouver les clochettes cireuses et roses du Myrtillier commun (*Vaccinium myrtillus*) et les fleurs brun-pourpre de la Camarine noire (*Empetrum nigrum*) et, dans les champs de maïs, la Queue de souris (*Myosurus minimus*), cette petite plante est facilement reconnaissable à la ressemblance de son épi vertical de fleurs jaune pâle avec la queue d'une souris. Le Gratteron fleuri (*Sherardia arvensis*) pousse sur les terrains cultivés, et le Maceron (*Symrnium olusatrum*) sur les terrains vagues. La Giroflée des murailles (*Cheiranthus cheiri*) a été naturalisée sur les vieux murs dans le sud de l'Angleterre ; la Scrofulaire printanière (*Scrophularia vernalis*) est également une plante locale ; de même que le Buis commun (*Buxus sempervirens*) que l'on trouve sur les collines calcaires et qui est probablement indigène.

Parmi les fleurs peu communes et rares, citons la Cardamine amère (*Cardamine amara*), la Potentille printanière (*Potentilla verna*), la Gentiane printanière (*Gentiana verna*) − sur les roches calcaires humides ; l'Holostée en ombelle (*Holosteum umbellatum*) − sur les murs anciens, la Pulmonaire à feuilles étroites ou Coucou bleu (*Pulmonaira angustifolia*) − dans les bois. La pulmonaire officinale (*Pulmonaira officinalis*) est parfois trouvée comme une échappée des jardins. La Drave des murs pousse sur les collines calcaires, la Saxifrage à feuilles opposées (*Saxifraga oppositifolia*) sur les rochers, le Groseillier des Alpes (*Ribes alpinum*), comme les deux autres espèces, dans les forêts, tandis que la Fritillaire pintade (*Fritillaria meleagris*) trouve son habitat dans les prairies humides. La Vesce printanière (*Vicia lathyroides*) et la Téesdalie à tige nue (*Teesdalia nudicaulis*), les seules espèces britanniques qui préfèrent une situation sèche, et la Tulipe sauvage (*Tulipa sylvestris*) se trouve occasionnel-lement dans les puits de craie, l'Ophrys araignée (*Pophrys aranifera*) sur un sol calcaire, et la Luzerne polymorphe (Medicago denticu-lata) sur un sol sableux. La Cardamine bulbifère (*Cardamine bulbife-ra*) pousse dans les endroits ombragés, et la Valerianella carinata se trouve parfois sur les berges, mais elle n'est pas indigène.

Chapitre V

Mai

« Puis venait Mai la jolie, la plus belle des jouvencelles,
Vêtue des délicats atours, orgueil de la saison,
Et jetant des fleurs tout autour d'elle ;
Elle allait, montée sur les épaules des deux Frères,
Fils jumeaux de Léda, qui, de chaque côté,
La soutenaient, comme leur reine respectée :
Seigneur ! Toutes les créatures en l'apercevant riaient,
Et sautaient et dansaient, comme envoûtées !
Et Cupidon lui-même, tout en vert, autour d'elle s'agitait! »

Spenser

Cupidon, oh oui certainement, car n'avons-nous pas une grande autorité pour prouver que le printemps est le « seul temps des belles alliances », que « les doux amants aiment le printemps », et « que la fantaisie du jeune homme se tourne gentiment vers des pensées d'amour » ? Quelle meilleure occasion pour une parade amoureuse champêtre que les anciennes festivités du premier jour de mai : la mise en place du mât de mai, ces troncs que l'on plantait au milieu du village, paré de rubans, prêt pour la danse ; le couronnement de la reine de mai, cette jeune fille élue pour présider les festivités ; et la jolie coutume anglaise de « *Bringing in the May* » , « apporter le Mai », cérémonie qui atteint son apogée au Moyen-Âge et à laquelle les plus nobles du pays prenaient part. L'écrivain Geoffrey Chaucer nous dit d'ailleurs que

« Tout le monde sort de la cour, ceux de la haute et de la basse société,
Pour célébrer les fleurs fraîches, les rameaux et les fleurs blanches ;
Et notamment (surtout) l'aubépine qui attire à la fois pages et palefrenier. »

Les villes dépensaient des sommes considérables pour les célébrations publiques. Les villageois allaient dans les bois et dans les champs pour cueillir des brassées de fleurs et de verdure utilisées comme décoration.

Le premier mai est célébré dans les villages de toute l'Europe, notamment sous le nom de *Beltane* : le feu du dieu celte Bel, ou selon d'autres sources le feu de la chance. De là viendraient les feux de joie du premier mai qui flambaient au sommet des collines, on pensait que sauter par-dessus les flammes offrait protection, bénédiction et fertilité. En Irlande, on faisait passer les vaches à travers les cendres pour éviter qu'elles attirent l'attention des fées.

Le « *Bringing in the May* », pratiqué depuis des siècles en Angleterre, symbolise non seulement l'accueil du mois de mai, mais aussi la belle Aubépine blanche, souvent appelée la fleur de mai. Celle-ci était récoltée la veille de mai et servait à décorer les portes de toutes les maisons du village. Depuis l'Antiquité, l'Aubépine est considérée comme un arbre d'amour, et dans la Grèce antique, les filles portaient des couronnes d'Aubépine aux mariages. Néanmoins, comme les autres arbres des fées, cette plante portait malheur si on en apportait chez soi, sauf le premier mai, où le tabou était levé :

« Fleurs d'aubépine et de sureau

Rempliront de mal la maison. »

L'antique « jeu du feuillu » se rattache à la tradition des « quêtes de mai » répandues dans toute l'Europe. Au village, les enfants se groupaient en cortège et allaient chanter de maison en maison pour obtenir des œufs, de la farine, du sucre, quelque argent aussi. Ils étaient couronnés de fleurs en l'honneur du renouveau et transportaient avec eux un adulte costumé d'une sorte de hutte de branchages qu'ils appelaient la « bête ». Souvent le cortège était conduit par une petite « épouse de mai » ou un « reine de mai » accompagnée d'un petit roi. Mais la joie de la saison est toujours présente, et selon les mots d'un vieux ménestrel, « les champs et les plantes reverdissent, et tout ce qui vit retrouve sa vertu, sa beauté et sa force, les collines et les vallées résonnent des doux chants des oiseaux, et les cœurs de tous les gens, pour la beauté du temps et de la saison, se lèvent et se réjouissent ».

John Milton nous prévient, dans son *Poème de mai*, que « Mai fleuri qui, de son sein verdoyant, sème le jaune coucou et la pâle primevère », est un mois traître. La plupart des nations s'accordent d'ailleurs sur le conseil raisonnable, bien que familier, « au mois d'avril, n'enlève pas un fil, au mois de mai, fais ce qu'il te plait, et encore je ne sais ».

Les anciens proverbes nous informent :
« Quand l'aubépine entre en fleur,
Crains toujours quelque fraîcheur. »
mais
« Lune rousse passée
Ne crains plus la gelée »
Et si « La rosée de mai fait tout beau ou tout laid »
« S'il vente nord quand les blés sont en fleurs
riches seront les pauvres laboureurs. »

C'est maintenant qu'arrivent le Râle des genêts, la Caille et le Gobe-mouche gris : le premier, appelé aussi Roi caille (*Crex praten-*

sis) est un oiseau brunâtre, un peu plus petit que la Perdrix, dont le cri curieux, qui ressemble au grincement d'une porte sur ses gonds, se fait entendre de jour comme de nuit. L'oiseau lui-même est rarement aperçu, car il vit parmi les hautes herbes, dans lesquelles il construit son nid, et au milieu desquelles il peut courir à une vitesse fulgurante ; lorsqu'il est chassé de ses repaires par la fauche du foin, il se retire dans les champs de maïs. Le Gobe-mouche gris (*Muscicapa grisola*), au contraire, préfère vivre en plein air, où il peut plus facilement saisir les insectes dont il se nourrit et où il attend, assis sur une branche ou une barrière, pour s'élancer soudainement à l'approche de sa proie. Cet oiseau est si rapide et adroit qu'on a vu un couple se rendre à son nid avec de la nourriture pour ses petits 537 fois en une journée. Le Gobe-mouche noir (*Muscicapa atricapilla*) est moins commun et est plutôt un oiseau des bois. Le nom du genre vient du latin *musca*, une mouche, et *capere*, prendre.

Les premières couvées de Grives et de Merles ont déjà quitté leurs nids, les jeunes Rouge-gorges s'apprêtent à suivre leur exemple, les jeunes tachetés de la Mouette rieuse et les bébés Vanneaux ou Pluviers apparaissent, ainsi que « la Fauvette grisette et toutes les Hirondelles », ces dernières faisant leur nid sous les combles des maisons ou des dépendances, tandis que l'Hirondelle de cheminée préfère parfois une cheminée ou une poutre de grange ; les nids sont construits en boue et garnis de plumes, l'Hirondelle de fenêtre y mélangeant de l'herbe tendre, tandis que l'Hirondelle rustique renforce la boue avec des morceaux de paille. Chaque espèce retourne dans son ancien nid et deux couvées sont élevées pendant la saison. D'autres bâtisseurs actifs sont le Faisan, dont le nid est un amas primitif de feuilles et d'herbes, le Tarier des près, la Fauvette des marais, le Verdier, le Pouillot fitis, la Fauvette à tête noire et le Bruant jaune.

Les chenilles, d'espèces trop nombreuses pour être détaillées, se nourrissent de feuilles et d'herbes, tandis que les papillons de jour et de nuit se divertissent dans l'air calme. Il est facile de faire la distinction entre les deux si l'on se rappelle que le papillon de jour, lorsqu'il se repose, referme ses ailes sur son dos, perpendiculairement à son corps, tandis que le papillon de nuit les déploie ou les plie longitudinalement. Ces ailes fermées fournissent un exemple frappant de la théorie de la coloration protectrice ; les nuances de brun mélangées sur la surface inférieure des ailes de l'écaille de tortue ou du paon du jour, par exemple, se fondent parfaitement avec leur environnement, et le vert tacheté sur la surface inférieure de l'Aurore, reposant sur une fleur ombellifère, correspond si exactement à la coloration de la plante qu'il est difficile de distinguer les deux. De même, les teintes des ailes repliées d'un papillon de nuit se fondent parfaitement dans les gris et les jaunes des troncs d'arbres et, dans le cas d'insectes tels que le papillon tigré, le Carmin Goutte-de-sang ou bien le Catocala rouge ou jaune, cachent complètement les couleurs brillantes de la paire inférieure. De même, les antennes d'un papillon de jour sont plus larges à l'extrémité (en forme de massue), tandis que celles d'un papillon de nuit sont ouvertes à l'extrémité et, dans le cas des plus grands papillons de nuit, les antennes sont souvent plumées ou en forme de peigne. La chenille d'un papillon de jour se transforme en une chrysalide suspendue aux côtés rigides, teintée de l'éclat métallique qui lui donne son nom, du grec χρυσός, *krysos*, « l'or », tandis que celle d'un papillon de nuit devient une chrysalide ronde, fréquemment enfermée dans un cocon ; bien que certaines chenilles, comme celle du papillon de nuit Sphinx-Tête de mort, s'enterrent dans le sol lorsqu'elles approchent de l'état de chrysalide, et d'autres, comme celle de la Phalène mouchetée, s'attachent simplement par quelques fils à une feuille ou à un feuillage.

Parmi les papillons remarquables du mois, on peut citer le Machaon, certainement le plus grand de nos papillons, et l'Argus frêle (*Lycæna minima*) le plus petit, avec une envergure de moins deux centimètres d'une pointe de l'aile à l'autre, le Vulcain, avec une large bande rouge et des taches blanches, la Piéride du choux et celle de la rave (*Pieris brassicæ et Pieris rapæ*), le Point-de-Hongrie et l'Hespérie de la mauve, la Mélitée du plantain et le Damier Athalie, ainsi que le Tircis (*Pararge Ægeria*), également appelé Argus des bois en raison des taches ressemblant à des yeux qui entourent le bord de ses anneaux inférieur, et qui fait référence au personnage mythologique grec aux cents yeux. Parmi les papillons de nuit, on trouve le Petit Paon de nuit, avec ses magnifiques taches en forme d'yeux qui lui ont donné son nom scientifique *Saturnia pavonia*, du latin *pavo*, paon, le Grand Sphinx de la vigne et le Sphinx géminé, le Carmin goutte-de-sang et la Phalène du Bouleau (*Amphidasys betularia*). Les papillons de nuit de la famille des Sphinx, sont appelés ainsi en raison de leur vol puissant et rapide, le Sphinx demi-paon (*Smerinthus ocellatus*) est facilement reconnaissable par les taches sur l'aile inférieure, le Grand Sphinx de la vigne est appelé l'Éléphant, par les anglais, à cause d'une curieuse ressemblance de la partie avant du corps de sa larve avec la trompe d'un éléphant.

Le célèbre Hanneton, que les anglais appellent aussi la Punaise de mai, appartient à la famille des *Scarabaeidae* et au genre des *Melolonta*, dont les pattes sont spécialement adaptées pour creuser ; le Bousier (*Geotrupes stercorarius*), aux ailes brillantes, fait également partie de cet ordre, tout comme le Scarabée sacré d'Egypte, que l'on nomme aussi le Bousier sacré. Les œufs du Hanneton commun (*Melolontha vulgaris*) sont pondus dans un sol meuble, le ver vit sous terre pendant trois ans, se nourrissant des racines des herbes et d'autres plantes, il est si dévastateur que des prairies entières sont ruinées de cette façon. En hiver, les larves hibernent et, au cours de leur troisième année, elles entrent à l'état de nymphe ; le coléoptère est complètement formé quelques mois avant son apparition, car il reste sous terre jusqu'au printemps, lorsqu'il commence à faire de nouveaux ravages, cette fois dans les arbres, dont il dévore voracement les feuilles pendant les quelques semaines qui lui restent à vivre.

Geotrupes stercorarius

Les coccinelles sont appelées familièrement « les bêtes à bon Dieu ». Ce surnom français est tiré d'une légende remontant au Xe siècle. Condamné à mort pour un meurtre commis à Paris, un homme, qui clamait son innocence, dû son salut à la présence du petit insecte. En effet, le jour de son exécution publique, le condamné devait avoir la tête tranchée. Mais une coccinelle se posa sur son cou. Le bourreau tenta à plusieurs reprises de l'enlever mais celle-ci s'obstinait à se poser au même endroit. Le roi, Robert II le Pieux, y vit une intervention divine et décida de gracier l'homme. Quelques jours plus tard, le vrai meurtrier fût retrouvé. L'histoire se répandit très vite et devint légende. La coccinelle fût considérée comme un porte-bonheur qu'il ne fallait plus écraser.

C'est en son honneur que les petits enfants français apprennent tous cette jolie comptine:
« Coccinelle, demoiselle
Bête à Bon Dieu
Coccinelle, demoiselle
Vole jusqu'au cieux
Petit point rouge
Elle bouge
Petit point blanc
Elle attend
Petit point noir
Coccinelle, au revoir. »

En Angleterre, le nom original de la coccinelle est « *Our Lady's Bug* », « l'insecte de Notre-Dame » en référence à la Sainte Vierge

Marie. Il semble qu'au Moyen Âge, une invasion de petits insectes (probablement des pucerons) ait attaqué les cultures, menaçant l'Europe de famine. Le peuple eut alors recours à la Sainte Vierge, en lui demandant de les sauver de ce fléau. En réponse à leur prière, un nuage de petits insectes rouges orangés à points noirs est arrivé et a rapidement mangé tous les parasites incriminés. La population reconnaissante leur a donné ce nom de « Insectes de Notre-Dame ». Les variations de ce nom en anglais, en Europe ou outre-Atlantique, incluent « *Ladybug* », « *Ladybird* » et même « *Ladybeetle* ». En comparant plus de quarante langues, y compris différents dialectes, ce petit coléoptère reçoit une très grande variété de noms. Ceux qui font référence à Notre-Dame arrivent en tête, les noms faisant référence à Dieu venant en deuxième position, comme « *la Vaca de Dios* » , »La petite vache de Dieu » chez les espagnols par exemple.

Ce petit insecte porte bonheur dans de nombreux pays d'Europe comme dans sa version prussienne qui peut être traduite par « Oiseau de mai, vole,

« Ton père est à la guerre,
Ta mère est en Poméranie,
La Poméranie est brûlée,
Oiseau de mai, vole ».

Voir une coccinelle porte chance, et plus on en voit, plus la chance est grande. Si elle rampe sur les mains d'une jeune fille, c'est qu'elle les mesure pour ses gants de mariage.

« Monseigneur, monseigneur Barnabé,
Dites-moi quand aura lieu mon mariage,
Si c'est demain,
Ouvrez vos ailes et envolez-vous. »

De leur côté, les Anglais et les Allemands ont presque la même version avec une chanson assez similaire au sujet d'une maison en feu :

Maikäferchen, Maikäferchen, fliege weg!
Coccinelle, coccinelle, vole au loin,
Dein Häusgen brennt,
Ta maison brûle,
Dein Mütterchen flennt,
Ta mère pleure,
Dein Vater sitzt auf der Schwelle,
Ton père est assis sur le seuil,
Flieg in Himmel aus der Hölle !
Vole de l'enfer au paradis !

L'espèce la plus grande est la Coccinelle à ocelles (*Anatis ocellata*), dont les ailes rouges portent des taches noires cerclées de jaune ; contrairement à la plupart des coccinelles, qui se nourrissent de pucerons, elle se nourrit de végétaux. La Petite Coccinelle à vingt-quatre points (*Subcoccinella 24-punctata*) mesure environ 30 millimètres de long, son épais duvet rouge est tacheté de divers points et taches noirs, rarement manquants. La Coccinelle à dix points (*Coccinella 10-punctata*) est un peu plus grande que la Coccinelle à vingt-quatre points, mais mesure moins de 45 millimètres de long.

Le nombre de points varie, tout comme la couleur, mais l'insecte est reconnaissable à ses pattes jaunes. La Coccinelle à sept points (*Coccinella 7-punctata*) a des pattes noires, trois taches noires sur chaque aile et une à la base, à cheval sur les deux ailes ; la Coccinelle à treize points, avec un dos jaune ou orange, mais elle n'est pas souvent observée.

La Mouche de mai (*Ephemera*), comme le Hanneton, passe la majeure partie de sa vie à l'état larvaire, car il peut s'écouler deux ou trois ans avant que la larve ne devienne une chrysalide, émergeant, non pas comme un insecte parfait, mais encore encombrée d'une robe fragile. C'est le subimago, ce stade intermédiaire entre l'état nymphal et l'état adulte, propre aux insectes éphéméroptères. C'est un insecte mobile, incomplet et sexuellement immature, bien qu'évoquant assez fortement la forme adulte définitive, l'imago. A ce stade, la créature se repose sur une tige ou un tronc d'arbre pendant un certain temps, puis, se débarrassant de sa dernière enveloppe, émerge sous la forme d'un insecte parfait, avec des ailes voilées et trois brins délicats en guise de queue. Sa vie est maintenant courte, car après un jour ou deux de joyeuses danses aériennes, elle laisse tomber ses œufs dans l'eau dans laquelle elle a vécu si longtemps comme larve, puis elle meurt. Son apparition sur les tiges au-dessus de l'eau est un signe important pour les pêcheurs car elle représente la nourriture préférée de certains poissons comme le saumon. Cette Mouche de mai est d'une lignée ancienne, ses ancêtres remontant à la période dévonienne.

« Les vents de mars et les averses d'avril
donnent naissance aux fleurs de mai »

Ce vieil adage, est tout à fait justifié, car les différentes variétés de fleurs sont si nombreuses qu'il est impossible d'en nommer plus d'une, et la plus importante d'entre elles est l'Aubépine, la fleur de mai par excellence, bien que la Cardamine des prés prenne parfois ce nom, tout comme le Muguet que l'on appelle le Muguet de Mai, et est d'ailleurs le *Maiblume* des Allemands et le *May Lily* des Anglais. L'Aubépine épineuse (*Cratægus oxyacantha*) a toujours occupé une place si importante parmi les diverses fleurs utilisées pour « faire venir le mois de mai » que, par une transition naturelle, le nom du mois a été attribué à cette plante.

Bien que le poème de Robert Herrick, *Corinna's going a Maying*, soit fort bien connu, on ne peut s'empêcher d'en citer cette description :

« Alors que chaque champ devient une rue, chaque rue un parc,
Verdoyant et bordé d'arbres ; voyez comment
La dévotion fournit un rameau à chaque maison
Ou bien une branche : chaque porche, chaque porte, avant que cela ne devienne
Une arche, un sanctuaire est
Constituée d'aubépine blanche soigneusement entrelacée. »
Dans ce poème, Geoffrey Chaucer écrit aussi :
« Parmi les nombreuses fleurs que le mois de Mai proclament,
Ornant les prairies de parures de fête,
Luttant pour voir quelle, en splendeur, surpassera l'autre,
Observe la belle floraison de l'aubépine
Qui, magnifiquement vêtue de sa blanche tunique,

Des délices de Mai comble nos yeux folâtres. »

La poétesse Elizabeth Barrett Browning nous en fait également l'observation,
« Haies vives, trépidantes
D'oiseaux, de moucherons, de grands papillons blancs,
On dirait que l'aubépine s'est faite vivante
Et qu'elle s'avance en palpitant dans le vent. »

Ce rameau d'Aubépine au-dessus de la porte ou de la fenêtre était considéré comme une protection contre les sorcières, mais, d'un autre côté, il ne faut pas déterrer un buisson d'Aubépine, car, comme la Fougère, ils sont sous la protection spéciale des fées ; les arbres vieux et solitaires sont leurs lieux de rendez-vous préférés.
« S'il y a un homme assez audacieux
Pour en déterrer une par mégarde,
Il trouvera les épines plantées
Dans son lit la nuit. »

The Fairies de William Allingham

Crataegus laevigata

En Orient, l'Aubépine est un emblème de l'espoir, les Grecs utilisaient son bois pour les torches nuptiales et les mariées athéniennes la portaient en guirlande. La plante a également des implications sacrées, car la couronne d'épines de Jésus Christ aurait été tissée à partir d'elle, comme le relate Jean de Mandeville dans son Livre des merveilles du monde, écrit d'après son prétendu voyage en Orient au 18e siècle.

« Alors notre Seigneur fut conduit dans un jardin et là, les Juifs le méprisèrent, et lui firent une couronne de branches d'aubépine, qui poussait dans ce même jardin, et ils la posèrent sur sa tête. »

C'est pour cette raison que les Français l'appellent L'épine noble et les Allemands *Christdorn*. Selon une tradition française, l'arbre gémit et soupire la veille du Vendredi saint, celui qui marque le jour de la crucifixion de Jésus. L'épine de Glastonbury (variété *præcox*), qui fleurit vers Noël et à nouveau au printemps, a aussi une histoire particulière ; l'arbre original aurait été détruit par les Puritains.

Le nom d'Aubépine vient du latin *alba spina* qui signifie « épine blanche », et son nom scientifique *Crataegus* porte la racine grecque κρατος « *kratos* » signifiant « force », en allusion à la dureté de son bois.

D'autres arbres et arbustes en fleurs de ce mois-ci sont le Marronnier d'Inde, le Sycomore, le Charme, le Pommier et le Cerisier sauvage, le Sorbier ou le Sorbier des oiseleurs, le Sapin ou le Pin sylvestre, le Fusain, le Houx, le Rosier de Gueldre et l'Epine-vinette, tandis que le Chêne et le Frêne s'empressent de déployer leurs feuilles, surveillées avec impatience par ceux qui soutiennent que

« Si le chêne est sorti avant le frêne
Alors la terre sera éclaboussée ;
Si le frêne sort avant le chêne
Alors la terre sera trempée ».

La coutume de porter un rameau de chêne lors du « Jour de la pomme du chêne », le 29 mai, date anniversaire de la restauration de la Maison Stuart au pouvoir en 1660, était répandue dans toute l'Angleterre.

Le Pommier (*Pyrus Malus*) et le Cerisier sauvage sont les ancêtres de nos fruits cultivés, le « *sieder* » des anciens Bretons était probablement une forme de cidre, et le « *pomatum* » original était préparé à partir de pommes, d'où nous suggérons les noms pommade et pomatum issus du latin *pomum*, une pomme. Le cerisier Morella est un descendant du Merisier ou Cerisier des oiseaux (*Prunus avium*), les variétés sucrées ont été obtenues à partir du Griottier (*Prunus cerasus*), qui se distingue par sa taille plus petite et ses feuilles lisses, celles du Merisier étant duveteuses sur la surface inférieure. Le cerisier à grappes (*Prunus padus*) possède des fleurs en grappes suspendues et il est moins commun. Les fleurs jaune-verdâtre de l'Erable sycomore (*Acer pseudoplatanus*) sont également pendantes, celles de l'Erable champêtre (*Acer campestre*) sont dressées. Le nom de Sycomore a été donné par erreur à cet arbre en raison de son identification avec le Figuier Sycomore ; mais c'est le Platane d'Écosse, bien que le véritable Platane, qui fleurit également ce mois-ci, soit le Platane d'Orient, si familier aux citadins, dont le fruit rond a valu à l'arbre les noms américains de *Buttonwood et Buttonball tree*, l'arbre boutonné.

Dans les haies, nous trouvons la Clématite sauvage au parfum suave, la Clématite de Virginie ou la Joie des voyageurs, comme l'appelle Gerarde ; également connue sous le nom de Barbe du vieil homme, en raison de ses graines à touffes blanches ; le Ta-mier commun (*Tamus communis*) à feuilles en forme de cœur et la Bryone dioïque (*Bryonia dioica*) avec ses feuilles à cinq lobes ; di-verses Vesces et Gesses, l'Hippocrépide chevelue (*Hippocrepis como-sa*) aux fleurs jaunes et aux gousses ressemblant à un chapelet de fers à cheval mis bout à bout ; la Gesse de Nissole (*Lathyrus nissolia*) aux feuilles semblables à celles de l'herbe, sans vrilles, et aux fleurs rouge foncé, est peu commune, la Vesce hirsute (*Vicia hirsuta*) a des fleurs bleu pâle, tandis que la Vesce amère (*Vicia orobus*), aux fleurs blanches violacées, pousse dans les bois rocheux. C'est également dans les bois que l'on trouve le Muguet, exquis, dont la décoction des fleurs, selon Gerarde toujours, est « bonne contre la goutte et réconforte le cœur ». Le Sceau de Salomon est probablement ap-pelé ainsi en raison de la ressemblance de ses grappes de fleurs blanc verdâtre avec un ancien paquet de sceaux, mais une autre explication est qu'il a pris son nom en raison de son efficacité pour « ressouder, sceller ou réparer » les os cassés. Gerarde nous dit aussi que « la racine du Sceau de Salomon pressée pendant qu'elle est verte, puis appliquée en onguent, fait disparaître en une nuit, ou deux tout au plus, toute contusion, tache noire ou bleue due à une chute ».

Les jolies fleurs bleues du Bugle rampant (*Ajuga reptans*) contrastent avec les fleurs de la Lysimaque des bois (*Lysimachia nemorum*) ; la Germandrée scorodoine ou Sauge des bois (*Teucrium scorodonia*) est facilement reconnaissable à ses feuilles ridées, sem-blables à celles de la Sauge, et à son parfum puissant. L'Ail des ours, également appelé Ail sauvage ou Ail des bois (*Allium ursinum*) est également reconnaissable entre tous, malgré la forte ressemblance de ses feuilles avec celles du Muguet. C'est le plus commun des alliums, dont il existe dix espèces, la plupart portant des fleurs rouges ou roses. L'Euphorbe des bois propre (*Euphorbia amygdaloides*), comme d'autres de son genre – cinq espèces fleurissent ce mois-ci – se reconnaît aux verticilles de bractées vert doré réunies en un chapeau rond. Le Gaillet odorant (*Asperula odorata*), avec ses minuscules fleurs ressemblant à de petites fleurs de Jasmin et ses verticilles de feuilles pointues, il a été appelée ainsi parce que, lorsqu'il est séché, il dégage une agréable odeur de foin fraîchement coupé. L'illustratrice botanique et ornithologique anglaise, Anne Pratt nous dit que « les feuilles conservent leur odeur pendant des années, et si elles sont posées sur des vêtements, elles sont un excellent moyen de protection contre les mites ». De vieux documents trouvés dans des livres d'église de Londres montrent que ces fleurs étaient autrefois suspendues en guirlandes aux murs de ces églises. La Parisette à quatre feuilles (*Paris quadrifolia*) est également appelée nœud d'amour véritable en raison du verticille de quatre feuilles égales qui lui donne son nom scientifique de *Paris quadrifolia*. La plante est reconnaissable entre toutes, tout comme les Neottias, un orchis dont les deux larges feuilles fortement nervurées sont opposées l'une à l'autre. L'Orchis bouffon fleurit ce mois-ci, ainsi que l'Ophrys mouche, plus rare, ainsi que plusieurs autres variétés.

Les prairies sont gaies grâce au Bouton d'or, le « Bouton d'or, est la dot des petits enfants » comme le dit Robert Browning dans son poème Réflexions d'un étranger. Les sépales recourbés de la Renoncule bulbeuse (*Ranunculus bulbosus*) la distinguent de la Renoncule âcre (*Ranunculus acris*) au calice étalé, et de la Renoncule rampante (*Ranunculus repens*) si gênante dans les jardins.

Le Trèfle se nomme ainsi en référence à ses trois feuilles fendues, qui étaient autrefois très réputées comme charme contre la sorcellerie et autres maux.

« Malheur, malheur à celui qui rencontre le chevalier vert,
Si ce n'est sur son bras en cuir,
Il est à l'abri des sorts, comme le brave St. Clair,
Le charme du Trèfle saint. »

Ferns of Great Britain de Anne Pratt

Le Trèfle blanc est utilisé comme le *Shamrock*, le trèfle irlandais, dans certaines régions d'Irlande, ce symbole qui reprend les connotations magiques et légendaires héritées de la tradition celte, bien que la feuille d'Oxalis petite oseille (Oxalis acetosella) soit la plante la plus généralement portée le jour de la Saint-Patrick. La Lychnide ou œillet des prés, porte le nom latin *Flos-cuculi* qui signifie Fleur de coucou, car c'est cette plante, et non la Cardamine des prés, qui était la Fleur de coucou de nos ancêtres, et la plante à laquelle Shakespeare fait référence dans le Roi Lear (Acte IV, sc. 4) :

« Bardanes, ciguës, orties, fleurs de coucou. »

Sur le bord de la route poussent la Tormentille, l'Achillée millefeuille, la Pensée sauvage ou Pensée tricolore, le Mouron des

91

champs, la Fumeterre, le Compagnon rouge ou Silène dioïque, la Piloselle, le Conopode dénudé, le Cerfeuil sauvage, l'Éleusine des Indes ou Pied-de-poule, la Tourette glabre ou Tourelle, divers Cressons, ainsi que le Grand Plantain et le Plantain lancéolé, le premier se distinguant du second par ses feuilles plus larges et ses anthères violettes, celles du Plantain lancéolé (*Plantago lanceolata*) étant blanches. L'Alchémille commune ou Pied-de-lion (*Alchemilla vulgaris*) est abondante sur les sols humides, et la petite Alchémille des champs (*Alchemilla arvensis*) sur les sols secs. Sur les terrains vagues « comme un lingot bourgeonnant, l'Ajonc épineux est épais d'une floraison parfumée appréciée des abeilles », et le Genêt à balais ajoute son quota de gaieté. Cette plante (*Cytisus scoparius*) a donné son nom à l'outil domestique fabriqué à l'origine à partir de ses rameaux, mais il ne faut pas la cueillir ce mois-ci car la vieille superstition anglaise nous affirme bien que « Prenez un balai au mois de mai, tous vos amis vous éloignerez ».

La Lathrée écailleuse ou Clandestine écailleuse (lathræa squamaria) peut être trouvée parmi les feuilles mortes et sur les racines des arbres ; sur les sols humides pousse le Trèfle d'eau (Menyanthes trifoliata), la Grassette commune (Pinguicula vulgaris) avec sa fleur violette et sa rosette de feuilles vert pâle à l'aspect huileux. Dans les ruisseaux et les eaux stagnantes, on trouve la Renoncule aquatique et le Cresson de fontaine ; sur les berges et les rives, on trouve l'Iris jaune ou iris des marais, la Consoude officinale (Symphytum officinale), la Benoîte des ruisseaux, la Véronique des ruisseaux parfois appelée Salade de chouette et le Myosotis, avec sa tradition romantique de l'amant galant, quand les fleurs bleues jusqu'au bord de l'eau sont de retour.

« Il jeta les fleurs bleues sur la rive

Avant de sombrer dans les remous de la marée ;

Et « Dame, je pars, ton fidèle chevalier,

Ne m'oublie pas », clame-t-il.

La dame prit, ce serment d'adieu

Et, comme le disent les légendes,

La fleur est un signe qui éveille la pensée

Aux amis qui sont loin. »

The langage of Flowers d'Henrietta Dumont

Au bord de la mer, nous trouvons le Chou commun (*Brassica oleracea*), ancêtre de toutes les variétés de nos jardins, les différentes espèces de Cochléaires ou Herbes aux cuillères, si précieuses autrefois pour les marins privés de légumes frais, et le joli petit œillet marin (*Armeria maritima*), parfois appelé Chou-fleur de mer, bien que son autre ancien nom, Oreillers des dames, convienne mieux à son bouquet de fleurs roses.

Chapitre VI

Juin

« Après elle, venait Juin le joyeux, tout
Vêtu de feuilles vertes, comme un acteur ;
Mais en son temps il oeuvre autant qu'il joue,
Comme le prouve bien sa charrue le coutre ;
Il allait, monté sur un crabe, qui le portait
Gauchement, d'un pas sinueux et lent,
A reculons, comme les haleurs
Dont la force s'exerce à l'envers. »

Spenser

Juin, son nom même nous rappelle de longues journées sous un ciel bleu clair, des bois feuillus et des haies, des fleurs parfumées et du foin fraîchement coupé.

« Chut, ah chut, disent les faux.

Chut, et ne faites pas attention, et endormez-vous ;

Chut, disent-elles aux herbes qui se balancent,

Chut, chantent-elles au trèfle des prés ! »

Scythe song d' Andrew Hong

Seulement, de nos jours, ce n'est plus le doux chuintement rythmique des « faux se balançant toutes ensemble » qui frappe notre oreille, mais le ronronnement enjoué de la moissonneuse peu romantique. L'agriculture, si elle a perdu en pittoresque, a gagné à d'autres égards par l'application pratique de la science moderne.

Nous disons que « Juin larmoyeux, rend le laboureur joyeux, » et que « la pluie pendant le mois de Juin, donne belle avoine et chétif foin. »

Les Allemands ont ce proverbe : « La pluie d'été fait briller les champs qui la reçoivent », mais les Anglais, eux, rétorquent que « la pluie du milieu de l'été gâche le foin et les céréales. »

Par le Calendrier des bons laboureurs du botaniste et naturaliste britannique Richard Bradley, nous apprenons que :

« Du jour Saint Jean la pluie

Fait la noisette pourrie, »

et « Eau de Saint Jean ôte le vin, et ne donne point de pain. »

Dehors, on entend maintenant le curieux chant de l'Engou-levent, un ronronnement continu et monocorde semblable au bruit « d'une fine latte fixée à une extrémité et en état de vibration sur l'autre », ce qui lui a valu les surnoms d'oiseau mobylette ou encore « crapaud volant », car certains y trouvent un léger coas-sement comme celui des crapauds. Son nom lui-même est évoca-teur, il vient d'engouler et de vent, car il vole le bec grand ouvert, avalant goulûment l'air et les insectes qui s'y trouvent. L'Engou-levent d'Europe (*Caprimulgus europæus*) est un oiseau nocturne, in-sectivore, apparenté aux Martinets, au plumage brun et gris déli-catement tacheté de blanc, au bec court, aplati à la base, crochu à la pointe, très fendu et garni de soies robustes sur les côtés . La femelle pond ses œufs tachetés de crème sur un terrain peu fré-quenté couvert de fougères, c'est pour cela que les anglais l'ap-pellent parfois Chouette des fougères. Selon Aristote et Pline, cet oiseau aurait l'habitude de téter le lait des chèvres, mais dans un de ses livres, Waterton explique comment cette erreur s'est pro-duite ; le « trayeur de chèvres » visite le troupeau, en rasant le haut des herbes au crépuscule, au moment de la traite, dans le but de gober les mouches qui gênent les animaux et qui semblent en effet « sensibles à leurs bons offices ».

Au terme du mois, le Rossignol, occupé par les soins domestiques, change sa glorieuse mélodie en quelques notes rudes, et le Cou-cou est à la veille de son départ, car la comptine anglaise nous dit que :

« Le coucou arrive en avril,

Reste le mois de mai,

Nous offre un air à la mi-juin.

Et puis, il s'envole. »

Ou, comme nous le dit une autre version,
« En avril, il ouvre son bec ;
En mai, il chante tout le jour ;
En juin, il change de mélodie ;
En juillet, il doit s'envoler ;
En août, il doit partir. »
Les Allemands disent aussi que
« Quand le coucou chante après la Saint-Jean
Il nous apporte un automne humide.»
Tandis qu'une croyance commune veut qu'il parte lorsqu'il voit la première botte de foin ; il doit aussi manger trois bons repas de cerises avant de partir.

La liste des papillons de juin est longue et comprend la Petite tortue ou Vanesse de l'ortie, l'Argus brun ou Collier-de-corail, l'Argus bleu ou Azuré commun (*Lycæna icarus*) et l'Azuré bleu céleste ou Bel-Argus (*Lysandra bellargus*) ainsi que la Thécla de la Ronce. Parmi les papillons de nuit, on trouve l'Écaille tigrée, la plupart des Sphinx, le joli petit Procris de l'oseille, aussi appelé la Turquoise, la Pudibonde, la Sésie du groseillier, le Bombyx du chêne, aux ailes brun foncé bordées d'une large bande jaune, puis de nouveau brun sur le bord, et une petite tache sur chacune des ailes supérieures ; la Citronnelle rouillée ou Phalène de l'alisier, la Livrée des arbres et la Cidarie verdâtre (*Larentia viridaria*). La Bucéphale (*Phalera bucephala*) se reconnaît à la tache de couleur chamois à l'extrémité des ailes supérieures ; la Lacertine ou le Lézard (*Drepana lacertinaria*) et la Faucille (*Drepana falcataria*) avec leurs ailes supérieures crochues. Le papillon de nuit brun foncé est difficile à distinguer parmi les feuilles mortes sur lesquelles il se repose ; le

Hibou, aussi appelé la Noctuelle fiancée (*Triphæna pronuba*) se définit par ses ailes inférieures jaunes avec une bande noire ; ce papillon est très attiré par la lumière, et vole dans nos pièces le soir, tout comme l'Écaille tigrée. La petite Brocatelle d'or est également un papillon de juin, tout comme l'Écaille marbrée (*Callimorpha dominula*), mais l'Écaille hérissonne (*Arctia caia*), dont la larve est célèbre pour ses longs poils, apparaît en juillet.

A présent, « les libellules planent et frissonnent au-dessus du bassin hanté par les moucherons. »
Comme l'Éphémère et les Trichoptères, la Libellule passe la plus grande partie de sa vie à l'état de larve ; après dix ou douze mois, au cours desquels elle mue plusieurs fois, elle quitte l'eau et, grimpant sur la terre ferme, sa peau sèche et se fend le long du dos, l'insecte parfait émerge alors. On a trouvé des traces de libellules fossiles, dont un spécimen avait un corps d'environ 33 centimètres de long et des ailes de plus de 2 centimètres et demi.

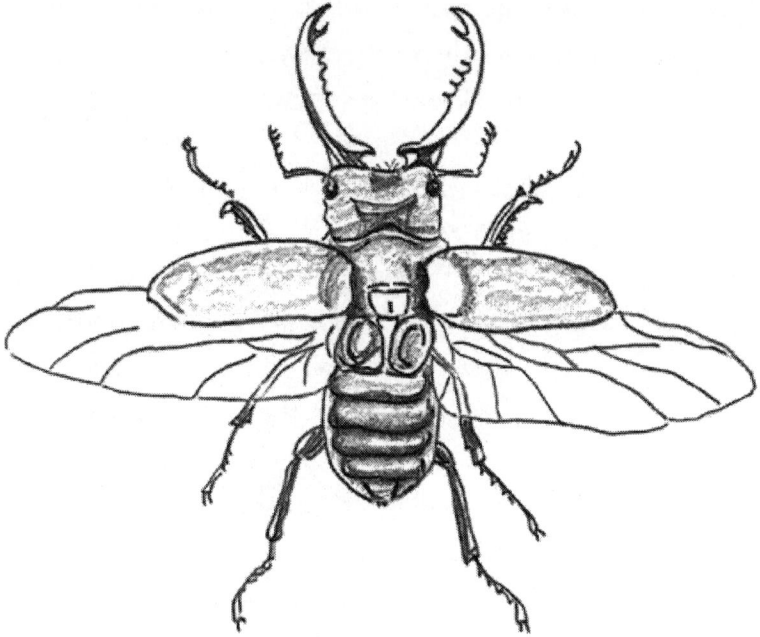

Lucanus cervus

Maintenant, la Sauterelle chante au bord du chemin, les Lucanes et la Cétoine dorée ou « Hanneton des roses » sont visibles, comme les *Pholcidae*, ces petites araignées aux longues jambes. Les Guêpes s'invitent à nos pique-niques, les Moucherons nous embêtent dans les bois et les jardins, et nous savons que

« Un essaim d'abeilles en mai
Vaut une charge de foin ;
Un essaim d'abeilles en juin
Vaut une cuillère en argent ;
Un essaim d'abeilles en juillet
Ne vaut pas une mouche. »

Ce proverbe d'apiculteurs du milieu du 17e siècle, signifie que plus l'année est avancée, moins les abeilles auront le temps de récolter le pollen de fleurs en fleurs.

La curieuse écume blanche, que l'on observe souvent sur les brins d'herbe et autres plantes, est l'œuvre des larves des *Cercopoidea*. La famille est vaste et apparentée aux Cigales ; on suppose que la mousse produite par la larve sert à la protéger de la chaleur du soleil. Une espèce est particulièrement commune sur les saules : l'Aphrophore des saules (*Aphrophora spumaria*), une autre dans les prairies : le Cercope des prés.

La liste des fleurs du mois de juin est encore plus longue que celle du mois de mai, et où que nous choisissions de nous promener, nous trouvons une de nos fleurs favorites : dans les bois, la majestueuse Digitale pourpre et la grande Molène jaune ; au bord d'un étang ou d'un lac, le beau Nénuphar blanc ou jaune, et le Jonc fleuri ; en bordure des ruisseaux, les Salicaires communes et

les Épilobes rosés, le Grand plantain d'eau et l'Eupatoire chan-
vrine ; dans les champs, les Coquelicots écarlates.

« Proclamez le solstice d'été, et marquez à nouveau
Le plein méridien de l'année florale. »

C'est aussi là que l'on trouve la Nielle des blés, l'Œillet d'Inde,
la Marguerite commune, et le petit Rhinanthe ou les Célosies, car
le proverbe nous dit que « La fleur appelée le petit Rhinanthe
jaune, qui fleurit maintenant dans les champs, est un signe du jour
de la Saint Pierre » (Saint patron des pêcheurs, qui le célèbrent à
la fin du mois de juin).

Désormais, le Sureau noir déploie ses fleurs couleur crème, la
Ronce et le Mûrier sont aussi en fleur, les Roses et le Chèvrefeuille
embellissent nos haies, et le bord des routes et les terrains non
cultivés sont joyeux grâce aux Chardons, aux Malvacées, au Géranium des prés, à l'Aigremoine eupatoire, à l'Ononis repens, à la
Carotte sauvage, la Barbe-de-bouc ou Reine-des-bois, divers
Gaillets, le Thym sauvage, le Laiteron, la Grande Célandine, le
Séneçon jacobé, la jolie petite Ciste, la Jasione, et une foule de
fleurs de toutes tailles et de toutes les couleurs, sans compter les
graminées, dont il existe plus de 130 espèces.
Parmi les plus familières, nous retrouvons l'Agrostis, la Brome,
l'Oyat, l'Avoine adorée des enfants ; les diverses herbes à queue
de renard et à queue de chat, en particulier la Queue de chat des
prés ou la Fléole des prés, le Vulpin des prés, le Dactyle peloton-
né, le Pâturin des prés et la Flouve odorante, cette dernière déga-
geant le doux parfum particulier du foin fraîchement semé ;

l'Ammophile et le Nard raide, précieux pour lier le sable sur les rivages venteux ; la curieuse Herbe à coton (*Eriophorum*) qui pousse sur les terrains marécageux, et l'Ivraie, le Chiendent, et divers Brome et Faux Brome qui poussent sur les terrains vagues.

La Fougère est maintenant à une hauteur très satisfaisante pour tous ceux qui tiennent à ce vieux dicton :
« Quand la fougère est aussi haute qu'une cuillère
Vous pouvez dormir une heure à midi,
Quand la fougère est aussi haute qu'une louche
Dormez aussi longtemps que vous le pouvez. »

Au bord de la mer, nous trouvons la Glaucienne jaune ou Pavot cornu (*Glaucium flavum*) facilement reconnaissable à ses longues « cornes », les gousses de graines vertes, et à l'aspect pruineux des feuilles, d'où son nom tiré du grec λγαυκδς, argenté. Le Liseron de mer (*Volvulus ou Convolvulus soldanella*) ouvre ses clochettes roses, presque aussi grandes que les fleurs blanches du Grand Liseron ou Manchette de la Vierge (*Volvulus sepium*) dans nos haies ; le petit Liseron des champs (*Convolvulus arvensis*) est également une plante grimpante, alors que les tiges du liseron des mers sont prostrées, généralement plus ou moins enfouies sous le sable. Le nom vient du latin *convolvo*, qui signifie « j'enlace ».

Mais la gloire du mois de juin est la Rose sauvage, dont il existe au moins treize espèces indigènes, le Rosier des chiens, également appelé Rosier des haies ou Églantier des chiens, le Rosier rouillé à l'odeur de pomme et le Rosier pimprenelle étant les plus caractéristiques. La Rose est universellement reconnue comme la reine des fleurs ; les Perses disaient d'ailleurs que « lorsque la rose entre dans le jardin, même la violette se prosterne devant elle sur le sol ». Les poètes de tous les âges et de tous les climats ont chanté ses louanges, car la Rose pousse dans tous les coins du globe, à l'exception de l'Australie et de l'Amérique du Sud, et les légendes qui lui sont associées sont trop nombreuses pour être mentionnées ici. Pour les Grecs et les Roumains, c'était une belle jeune fille transformée en fleur ; les Arabes affirment que la première rose a jailli d'une goutte de sueur tombée du front de Mahomet ; les Romains l'appréciaient plus que toutes les autres fleurs ; les roses formaient le chapelet du dieu Hymen et couronnaient le front des mariés, elles étaient également utilisées lors des funérailles. Selon les légendes persanes, cette fleur est la bien-aimée du Rossignol, qui presse sa poitrine contre les épines en chantant, et les Hindous croient que Pagoda Seri, une des épouses du dieu Vishnu, fut trouvée dans le cœur d'une rose. Cultivée par les Égyptiens, et dédiée à Horus, ou Harpocrate, dieu du Silence, la rose blanche est devenue le symbole du secret, tandis qu'en tant qu'emblème de l'Amour, la Rose figure dans diverses légendes de saints et de martyrs ainsi que dans l'art religieux.

« Tu as le lys et la rose
L'amour de la vierge et du martyr »,
comme nous le disent les Litanies de Lorette, qui sont des invocations répétées et psalmodiées de demandes d'intercession adressées à la Vierge Marie, mère de Dieu dans la tradition catholique.

La Syrie aurait tiré son nom de sa célèbre Rose qui nous parvint au Moyen Âge, lors des croisades, quand les chevaliers français se rendirent à Damas et ramenèrent la Rose de Syrie. On attribue au chevalier Robert de Brie le mérite d'avoir rapporté la *Rosa da-*

mascena à son retour de croisade, vers 1254, dans la ville de Provins.

Fleur également mythique dans le Gulistan : « Le Jardin des Roses », ce recueil de poèmes et d'histoires écrit par le poète persan Saadi au XIIIe siècle, car « elles y poussaient en si grande profusion qu'il fallait cinq jours à dos de chameau pour parcourir le dédale éclatant ».

Les roses figuraient sur la bannière des anciens Saxons. La fleur, adoptée en Angleterre par Édouard Ier, apparaît pour la première fois sur leur monnaie dans le Noble d'or à la rose d'Henri VI et sur le Grand Sceau d'Édouard IV. C'est Jean de Gaunt, fils d'Édouard III, qui, lors de son mariage avec Blanche de Lancaster, adopta la rose rouge ; et la blanche, lors de l'accession de Jacques II, devint l'emblème distinctif de la maison Stewart, elle était « la fleur du prince Charlie ». La Rose, selon la tradition nordique, est sous la protection de Lauren, roi des elfes, tandis que les légendes de la plupart des pays s'accordent à dire que la fleur était à l'origine blanche et sans épines. John Milton, dans Le Paradis perdu, parle de « fleurs de toutes les couleurs et de la rose sans épine », ce qui concorde avec la tradition de la religion iranienne de Zoroastre, selon laquelle la rose était sans épine jusqu'à l'entrée d'Ahriman, l'esprit du Mal, dans le monde. Une curieuse légende émanant du Schleswig, région historique à cheval entre le Danemark et l'Allemagne, nous informe qu'après sa chute, Satan tenta de monter au Ciel par les épines du Rosier rouillé, mais Dieu ordonna à l'arbuste de ne plus croître en hauteur mais en largeur alors, Satan, enragé, tourna les pointes des épines vers la terre. La couleur rouge de la fleur est diversement attribuée à un baiser donné par Eve à un bourgeon blanc du Paradis, ou même à la blessure du pied de Vénus par une de ces fleurs... tandis que le Pourpier rose, aussi nommé le Chevalier-d'onze-heures possède sa propre légende.

Parmi les rosiers sauvages, le plus connu est le Rosier des chiens (*Rosa canina*), dont les fleurs varient du blanc au rouge profond. Le Rosier rampant (*Rosa arvensis*) a des fleurs blanches avec des sépales violets ; une variété cultivée de cette espèce est considérée comme la Rose d'York originale. Le Rosier pimprenelle (*Rosa pimpinellifolia ou spinosissima*), avec ses nombreux aiguillons, ses fleurs crème parfois teintées de rouge et ses fruits violet foncé, est l'espèce primaire du rosier écossais jaune de nos jardins. Le Rosier rouillé (*Rosa rubiginosa*), aux feuilles parfumées à l'odeur de pomme, est l'Eglantine des poètes, sauf pour Milton, dont l' « églantine tordue » fait référence au Chèvrefeuille. Sa teinte sombre lui donne son nom scientifique latin *rubiginosa* signifiant « rouillé ». Une tradition allemande veut que Judas se soit pendu à un rosier sauvage, d'où le nom de baies de Judas donné aux Cynorrhodons ; on dit aussi que la couronne d'épines du Christ aurait été fabriquée à partir de cette plante.

« S'il pleut à la Saint-Médard,
Il pleut quarante jours plus tard. »

La Saint-Médard est fêtée le 8 juin. Ce dicton encore très connu, est parfois suivi de
« Mais vient le bon saint Barnabé
Qui peut encore tout raccommoder ».

Rosa damascena

La Saint-Barnabé est le 11 juin, soit trois jours plus tard. S'il a plu le 8 juin, nous pouvons donc nous attendre à de la pluie aux alentours du 18 juillet, sauf s'il a fait un temps magnifique le 11 juin.

Or la fleur de la Saint-Jean est le Millepertuis, bien qu'en raison de la modification du calendrier, elle soit devenue une fleur de juillet, tout comme la Saint Barnabé qui, pour la même raison, ne détient plus la distinction du « jour le plus long et de la nuit la plus courte ». Le Millepertuis (*Hypericum perforatum*) est souvent appelé Herbe de la Saint-Jean mais il était aussi connu sous le nom de Baume du guerrier, et même d'Herbe de la guerre, d'une part parce que le jus de cette plante était censé être d'une grande efficacité pour guérir les blessures, et d'autre part à cause des nombreux petits points sur les feuilles, qui donnent l'impression qu'elles ont été transpercées en mille endroits.

« Le Millepertuis était là, cette herbe de la guerre,

Transpercée de blessures et marquée par de nombreuses cicatrices. »

Ces blessures, disait-on, étaient faites avec une aiguille par le Diable lui-même, et il était considéré comme une plante magique, s'employant pour chasser l'esprit des ténèbres et exorciser les personnes « possédées », d'où son appellation latine *Fuga dæmonum*, « chasse démon », que l'on retrouve pour l'un de ses nombreux noms vernaculaires.

« La verveine, le trèfle, le millepertuis et l'aneth

Empêchent les sorcières de réaliser leur volonté. »

A l'époque de la chevalerie, ceux qui s'affrontaient devaient faire le serment qu'ils ne portaient pas de Millepertuis ou d'autres herbes magiques sur eux. Dans une vieille ballade, le diable, dé-

guisé en amant, révèle inconsciemment son identité en demandant à la dame :
« Si vous souhaitez être mon amour,
Retirez le millepertuis et la verveine. »

Ces fleurs étaient invariablement jetées dans les feux de joie la veille de la Saint-Jean,
« Quand les jeunes hommes entourés de jeunes filles dansent dans les rues,
Avec des guirlandes de millepertuis ou de verveine douce,
Beaucoup d'autres fleurs magiques ainsi que des violettes dans leurs mains,
Alors qu'ils pensent tous sincèrement que quelqu'un se tient là,
Et qu'au milieu des fleurs, voyant la flamme, leurs yeux ne souffrent pas.
Jusqu'à la tombée de la nuit ils restent à l'écart, puis traversent le feu ensemble.
Et alors que les esprits qui ne cessent de courir, toutes les herbes y sont jetées.
Puis, par de pieuses et solennelles requêtes,
Priant Dieu que tous leurs maux y soient consumés,
Et c'est ainsi qu'ils pensent être libérés de l'agonie pour toute l'année. »

Le révérend C. A. Johns nous dit aussi que « dans l'Antiquité, on attribuait de grandes vertus à la verveine commune, au point qu'elle était considérée comme une plante sacrée et qu'on l'utilisait, dit-on, pour balayer les tables et les autels des dieux. » Pline affirme que, non seulement la table de fête de Jupiter était époussetée et nettoyée de cette manière, mais que les sols des maisons étaient frottés avec l'herbe pour éloigner les mauvais esprits, et que les entrées et les salles à manger étaient aspergées d'eau dans laquelle on avait fait infuser de la verveine, pour rendre l'assemblée plus joyeuse ; elle était également utilisée dans les sacrifices, et portée par les ambassadeurs romains. Chez les druides, elle était employée pour la divination et était cueillie par des rites spéciaux au lever de Sirius, l'étoile de la constellation du Chien, au moment où une offrande de rayons de miel était faite à la Terre pour la dédommager de la perte d'une herbe si précieuse.

Le Polygale commun (*Polygala vulgaris*) est également une plante semi-sacrée, très utilisée dans les processions des Rogations, d'où son nom de fleur des Rogations. Du latin *rogare* qui veut dire « demander », chez les chrétiens, les Rogations sont des processions se déroulant pendant les trois jours précédant l'Ascension. Elles ont pour but de demander à Dieu de bénir les cultures et d'éloigner les maladies contagieuses des hommes et des animaux. Le Polygale constituant d'ailleurs un aliment nutritif pour le bétail.

On ne sait pas exactement quelle espèce de Chardon peut prétendre être l'emblème national de l'Écosse, l'honneur est généralement accordé au Chardon aux ânes ou Onopordon à feuilles d'acanthe (Onopordon acanthium), bien qu'en fait cette espèce particulière ne soit pas originaire d'Écosse, elle porte parfois le nom de Chardon d'Ecosse. On dit que cette plante a été adoptée comme emblème par les Pictes du nord et de l'est de l'Ecosse, qui furent sauvés d'une attaque nocturne menée par les Danois lorsqu'un des ennemis marcha sur un chardon pied nu. Son cri soudain aurait réveillé le camp endormi et l'ennemi aurait ainsi été repoussé. La première mention du Chardon en tant qu'emblème national figure dans le poème de Dunbar, *The Thrissell and the Rois*, écrit à l'occasion du mariage de Jacques IV d'Écosse avec Margaret Tudor, en 1503. La fleur apparaît sur les pièces de monnaie de ce monarque, mais la devise n'apparaît pas avant le règne de Jacques VI. Le plus grand des Chardons est la Cirse des marais, ou Bâton-du-diable (*Cnicus palustris*), qui pousse sur un à trois mètres de haut, avec des fleurs d'un cramoisi profond, et parfois blanches. Tous les Chardons possèdent des graines parachutes qui leur permettent d'utiliser le vent pour se reproduire. Le Chardon penché (*Carduus nutans*) a des fleurs solitaires tombantes, à l'odeur musquée ; le Chardon terrestre (*Cnicus acaulis*) est presque sans tige ; la Carline commune (*Carlina vulgaris*) se reconnaît à la rangée intérieure de longues bractées couvertes de fibres autour de son capitule ; par temps ensoleillé et sec, elles s'étalent comme des pétales, par temps humide, lorsque la fleur est fermée, elles forment un toit sur son coeur. D'une texture ressemblant aux pétales des Immortelles, ces bractées restent souvent sur la plante pendant l'hiver. Son nom vient de Charlemagne, qui aurait utilisé une espèce de ce chardon (*Carlina acaulis*) comme remède lorsque son armée fut attaquée par la peste. Cette espèce est aussi utilisée comme une girouette rustique. Le Chardon-Marie (*Mariana lactea*) possède des fleurs de couleur rose et des feuilles blanches veinées. La légende nous dit que la Vierge Marie, voyageant d'Égypte en Palestine, aurait donné le sein à l'enfant Jésus près d'un bosquet de chardons. Quelques gouttes de son lait tombèrent sur les feuilles, créant les nervures blanches caractéristiques de cette espèce.

Le Gaillet jaune ou Caille-lait jaune (*Galium verum*), était à l'origine connu sous le nom de Gaillet de la Vierge, d'après la légende selon laquelle, lors de la nuit glaciale de la naissance de Jésus Christ, on demanda aux plantes laquelle d'entre elles s'offrirait pour faire un lit à la Vierge. Le Gaillet s'est porté volontaire et a été récompensé en portant désormais des fleurs dorées au lieu des fleurs blanches communes à son genre. D'autres espèces bien connues sont le Gaillet croisette (*Galium cruciata*) aux feuilles à trois nervures, le Gaillet mou (*Galium mollugo*) dont les fleurs sont blanches, le Gaillet des rochers (*Galium saxatile*), le Gaillet des marais (*Galium palustre*) et le Gaillet aquatique ou Gaillet des tourbières (*Galium uliginosum*). Les racines du Gaillet jaune sont utilisées pour la teinture, et ses fleurs pour cailler le lait, d'où le nom du genre, du grec γάλα, lait.

D'autres plantes autrefois réputées parmi les teinturiers étaient la Réséda jaunâtre (*Reseda tuteola*) et le Genêt des teinturiers (*Genista tinctoria*), ce dernier est censée avoir été la *Planta Genista* originale, dont la famille Plantagenêt emprunta le nom. Le Lotier corniculé est appelé ainsi en raison de la forme de ses vaisseaux de graines ; la Reine des prés (*Spiræa ulmaria*) était à l'origine connue sous le nom de Fausse spirée, ses fleurs étant mélangées à de l'hydromel pour lui donner une saveur semblable à celle du vin ; de la même façon, la Bourrache est toujours l'un des composants de la boisson médiévale le Clairet, bien que le concombre soit généralement employé à sa place. La Renouée bistorte (*Polygonum bistorta*) est appelée ainsi à cause de sa racine tordue ; les jeunes pousses sont bouillies et consommées de la sorte dans le nord de l'Angleterre. La Bistorte appartient à la famille des *Persicaria*, tout comme les diverses espèces d'Oseille qui fleurissent actuellement ; parmi celles-ci, l'Oseille commune (*Rumex acetosa*) est encore utilisée comme aliment, et l'Oseille des Alpes (*Rumex alpinus*) était autrefois cultivée. La belle fleur aux sépales jaune pâle incurvés, Trolle des montagnes (*Trollius europæus*) tire son nom scientifique du troll de la mythologie scandinave. Peu amical ou dangereux pour l'homme, le troll est lié aux milieux naturels hostiles comme les mers, les montagnes et les forêts. Diabolisée par le christianisme, la croyance du troll perdure néanmoins dans le folklore scandinave jusqu'au XIXe siècle, mais il est parfois confondu avec d'autres créatures du Petit peuple, tels que les elfes.

La Grande Berce (*Heracleum sphondylium*) est l'une des plus grandes ombellifères et se distingue de la Ciguë, avec laquelle elle est parfois confondue, par l'absence des taches rouge-violet sur la tige qui caractérisent cette dernière ; les feuilles sont également totalement différentes et la tige de la Grande Berce est velue, alors que celle de la Ciguë est lisse. La Carotte sauvage (*Daucus carota*) peut facilement être reconnue par la tache rouge au milieu de sa grappe de fleurs. La Sanicle d'Europe (*Sanicula europæa*) fait également partie de la famille des Apiacées. La Vipérine vulgaire ou Serpentine (*Echium vulgare*), dont la tige est tachetée comme un serpent, était autrefois considéré comme un antidote contre les morsures de serpent, son nom scientifique venant du grec ἐχίς, "vipère". Tandis que la Buglosse tient également son nom du grec qui signifie langue de bœuf, par rapport à la forme et à la rugosité des feuilles. Mais la véritable langue de bœuf, la Picride fausseépervière (*Picris echioides ou hieracioides*) est une plante composite à fleurs jaunes, dont les feuilles sont couvertes de taches blanches en relief, d'où jaillit un aiguillon acéré.

D'autres fleurs composites jaunes plus difficiles à identifier sont les différentes espèces d'Épervières, Crépides, Liondents, et Porcelle enracinée, qui viennent de s'ouvrir. Les diverses espèces d'Astéracées et de Camomilles sont également difficiles à identifier pour leur utilisation en médecine. La Camomille romaine (*Anthemis nobilis*) se reconnaît à son odeur aromatique de pomme fraîche, et l'Anthémis puante ou Camomille des chiens (*Anthemis cotula*) à sa forte odeur. La Matricaire inodore (*Matricaria inodora*) et la Camomille sauvage (*Matricaria chamomilla*) fleurissent de juin à octobre. Leurs feuilles très divisées les distinguent immédiatement de la Marguerite commune, dont les fleurs se ressemblent à première vue.

Une autre plante médicinale précieuse est la Digitale pourpre (*Digitalis purpurea*), que nous appelons Doigt de la Vierge ou Gant de Notre-Dame car son nom scientifique vient du latin *digitus*, doigt, et se réfère à la facilité avec laquelle on peut introduire un doigt dans la corolle. Les Anglais la nomment *Foxglove*, « gant de renard », et les Allemands *Fingerhut*, « dé à coudre », mais elle est plus souvent soupçonnée d'être l'abri du Petit Peuple des fées qui habiteraient ses cloches tombantes et auraient peint les petites tâches violettes à l'intérieur. La Molène Bouillon-blanc en Europe, que l'on appelle la Grande molène au Canada (*Verbascum thapsus*) est également connue sous le nom de « Herbe de Saint-Fiacre », du nom du moine herboriste anachorète irlandais, tandis que ses feuilles laineuses lui ont valu le nom de Flannelle d'Adam chez les britanniques. L'Euphraise officinale ou Casse-lunettes (*Euphrasia officinalis*) est encore employée dans la préparation des collyres ; c'est cette Euphraise qui fut utilisée par l'archange Michel quand, avant de dévoiler à Adam la vision de l'avenir, il

« Lui nettoya avec l'euphraise et la rue,
Le nerf optique, car il avait beaucoup à voir. »

Le Paradis perdu, livre XI.

Désormais,
« La gousse gonfle lentement
La pêche s'arrondit, et dans la nuit
Le champignon éclate la terre. »

L'Agaric champêtre dit aussi Rosé des prés (*Agaricus campestris*) se reconnaît à ses lamelles, libres et non attachées à la tige, roses à l'état jeune, devenant pourpre foncé à maturité, son chapeau est de texture blanchâtre et soyeuse qui se détache facilement, l'anneau qui entoure la tige, est un vestige de la peau qui entourait à l'origine les lamelles, et il dégage une agréable odeur de champignon. La tige est courte et épaisse. Les lamelles de l'Agaric des jachères (*Agaricus arvensis*) sont d'un blanc sale lorsqu'elles sont jeunes et deviennent presque noires en murissant. Le chapeau est beaucoup plus grand que celui du Rosé des prés et il est plutôt lisse ; l'odeur est également plus forte et la saveur moins délicate. Le Tricholome de la Saint Georges (*Agaricus gambosus*) serait, selon une légende hongroise, un cadeau du saint patron britannique. Les Français l'appellent Mousseron de Saint Georges parce qu'il a l'habitude de pousser parmi la mousse, et l'on pense que le terme de *Mushroom* en anglais serait une dérivation de ce nom. Les différents champignons des bois et le petit Faux-mousseron, qui forme

114

des « nids de sorcières » au milieu de l'herbe des prairies, apparaissent aussi en juillet. La Morille commune (*Morchela esculenta*) est une espèce commune qui pousse aussi bien en plaine qu'en montagne, et sur tous types de sols. Il est possible de la retrouver dans de nombreux habitats, en lisière ou sous les feuillus, tels que les frênes, les peupliers, les noisetiers, les bouleaux et même sous les fruitiers dans des vergers. On la reconnaît à son sommet sphérique, de couleur brun clair ou gris fauve, et piqué comme un nid d'abeille. Le pédoncule est blanc et l'ensemble du champignon est creux, avec une agréable odeur d'humus. Tous ces champignons sont comestibles.

Alors que nous rentrons chez nous dans la chaude lumière du crépuscule, la « puissante déclamation, note désaccordée » du Roi caille, que l'on appelle aussi le Râle des genêts, caché au sol, parvient à nos oreilles, et nous nous arrêtons pour jeter un dernier regard sur l'herbe haute de la prairie et ses Marguerites scintillantes, insouciantes, avec le même sentiment qui pousse la petite fille dans *The Last Day of Flowers* à dire adieu à ses favorites, car
« Chut, ah chut, disent les faux.
Chut, et ne faites pas attention, et endormez-vous ;
Chut, disent-elles aux herbes qui se balancent,
Chut, chantent-elles au trèfle des prés. »

Chapitre VII

Juillet

« Puis venait le bouillant Juillet, pareil au feu,
Qui tous ses vêtements avait rejetés ;
Sur un Lion enragé de colère il allait,
Monté vaillamment et lui dictait son commandement ;
Sur son dos, une faux, et au côté, sous sa ceinture,
Il portait une faucille qui de grands cercles traçait. »

Spenser

En effet, en fin de mois, nous entrons dans le signe zodiacal du Lion, dont la crinière et les épaules sont formées par un amas d'étoiles appelé la Faucille, ce qui nous rappelle ici le début des moissons

Le mois de juillet s'appelait à l'origine *Quintilis*, puisqu'il s'agissait du cinquième mois de l'année romaine ; mais comme « César le Dictateur fut enfanté à Rome le quatrième jour avant les *Ides de Quintilis*, alors que Caius Martius, Lucius et Valerius Flaccus étaient consuls, le mois qui suivit sa mort fut renommé Julie, en vertu de la loi Antonia (abolissant la dictature) », et en l'honneur, donc, de cet empereur dont les travaux avaient réformé le calendrier et dont c'était le mois de naissance. On dit que juillet était le premier mois de l'année celtique et en gaélique ce mois portait le nom d'*An mios buidhe*, le mois d'or, en référence aux champs de blé mûr. Les Anglo-Saxons l'appelaient *Hen Monath*, le mois de l'hydromel, en référence aux prairies en fleurs, et les Gallois l'appelaient *Gorfennaf*, le mois de la fin de l'été, car juillet représente une pause avant les travaux de moissons du mois d'août. De leur côté, les révolutionnaires français avaient nommé leur second mois d'été Thermidor, pour « la chaleur tout à la fois solaire et terrestre qui embrase l'air de juillet jusqu'en août ».

The Booke of Knowledge, cette encyclopédie britannique pour enfants, nous apprend que « le tonnerre en juillet annonce qu'il y aura du bon maïs dans l'année, mais aussi la perte de bêtes si leur force périt », une prophétie qui, du moins en ce qui concerne le maïs, est assez réconfortante dans un pays où l'on dit que l'été consiste en « trois jours chauds et un orage ». Il est d'ailleurs curieux que, dans toute l'Europe du Nord, certains jours pluvieux soient aussi mis en valeur, comme nous alertant qu'il faudra s'attendre à un temps humide quelques jours plus tard. En Angleterre, la fête de Saint-Swithin, fêté le 15 juillet, représente le jour du destin pour les hommes et les femmes.

« Si Saint-Swithin amène le beau temps,
Pendant quarante jours il ne pleuvra plus.
Si Saint-Swithin amène la pluie,
Quarante jours elle restera. »

Les agriculteurs scrutaient autrefois le ciel avec angoisse le jour de la Saint-Swithin, car trop de pluie à cette époque de l'année allaient ruiner la moisson. Swithin était un évêque anglais du 9e siècle. Quand ses os furent transportés du cimetière à la cathédrale, il semblerait qu'il s'y soit opposé car un orage se déclencha et dura quarante jours ; c'est Swithin qui pleurait le déplacement de sa tombe.

De la même manière, en France,
« Quand il pleut à la Saint-Médard, il pleut quarante jours plus tard. A moins que Barnabé, ne lui coupe l'herbe sous le pied », et, « Quand il pleut à la Saint Gervais , il pleut quarante jours après. »

Saint Médard (fêté le 8 juin) et Saint-Gervais (fêté le 19 juin) sont donc des saints du mauvais temps.

Mais les Français répètent que « juillet sans orage, famine au village » et qu'en « juillet, orage de nuit, peu de mal mais que de bruit ! »

Ce mois-ci, partout en Europe, nous fêtons les saints patrons et les divinités de l'eau : en Belgique avec Sainte Godelieve (6 juillet), dans certaines parties de la Pologne avec Saint Harold (19 juillet), mais surtout en Allemagne, le 2 juillet, avec la fête de la Visitation de la Sainte Vierge Marie, qui commémore la fête de deux enfants à naître, Jésus et son cousin Jean Baptiste. Sur le Rhin, ce jour est connu sous le nom du Jour de la Goutte de Marie, car on dit que s'il ne pleut qu'une seule goutte ce jour-là, il en pleuvra encore pendant quarante autres. En effet, nous avons besoin d'eau : elle est source de vie, de fertilité, de nourriture, de purification et de guérison. Pour les anciens elle était sacrée comme en témoignent les *Neptunalia* que les romains célébraient à cette époque, mais aussi les nombreux puits sacrés de Grande-Bretagne, autrefois consacrés aux divinités locales, et qui furent ensuite attribués à Sainte Anne, mère de la Vierge Marie et fêtée le 26 juillet, juste avant la fête celtique de *Lammas* : messe du pain et de la première fête des récoltes.

En juillet, les romains, qui ont envahi la plupart de l'Europe et dont les rites furent adoptés et transmis par les différents peuples, célébraient également le festival de *Salacia* en l'honneur de la déesse de l'eau salée, épouse de Neptune et dont le symbole était le coquillage. Nous retrouvons aujourd'hui, la présence hautement symbolique de ce coquillage avec la grande fête de Saint Jacques, le 25 juillet. Saint Jacques était l'un des douze apôtres du Christ, et son sanctuaire en Espagne, *Santiago de Compostela*, attire toujours les pèlerins du monde entier.

Le jour de la Saint Jacques, avant midi, représenterait le temps d'hiver avant Noël, et après midi, il représenterait le temps après Noël. « Si le soleil brille le jour de Saint Jacques, c'est un signe de temps froid ; mais s'il est entre les deux, c'est un signe de temps ni trop chaud, ni trop froid ». Ce jour de la Saint Jacques prédirait également les conditions de la récolte du houblon.

Désormais, les jours raccourcissent, mais il n'y a pas de différence perceptible dans la chaleur, en réalité, le soleil ardent et la chaleur accumulée au cours des semaines précédentes font de juillet le mois le plus chaud. A l'exception du bourdonnement des insectes ou du gazouillis des Sauterelles, les chemins et les bois sont presque silencieux, le petit Pouillot véloce (*Phylloscopus collybita*) a changé ses notes monotones en un sifflement strident, mais la majorité des oiseaux sont affairés à s'occuper de leurs oisillons ou à entamer leur mue estivale. Les petites Grenouilles quittent maintenant l'étang, car avec l'apparition de leurs pattes avant, les poumons se développent et elles ne peuvent plus rester dans l'eau. La partie de la queue qui reste est rapidement absorbée par le corps, mais la petite créature continuera à grandir pendant environ cinq ans avant d'atteindre sa taille définitive.

Sur les berges sèches et ensoleillées, les Lézards chassent les Mouches ; l'Orvet fragile (*Anguis fragilis*), le « ver venimeux sans yeux » de Shakespeare, ce curieux intermédiaire entre le Lézard et le Serpent, se nourrit la nuit, principalement de Limaces, mais on peut aussi le rencontrer le jour. Malgré son apparence de Serpent, il est parfaitement inoffensif ; un vrai Lézard, bien que dépourvu de pattes — lesquelles, cependant, sont facilement repérables sur le squelette — il possède des yeux particulièrement brillants et sa queue se casse aisément, de sorte que, s'il est capturé ou percuté, elle est immanquablement sectionnée. Mais ce n'est pas tout : la queue sectionnée se tord et s'enroule sur elle-même, puis s'élance même dans les airs, ce qui est censé protéger l'animal qui, pendant ce temps, parvient à s'échapper.

Le Papillon appelé le Grand Mars changeant est maintenant en vol, son repaire favori étant la cime d'un chêne ; plusieurs *Argynnis* aussi, le Grand nacré (*Argynnis aglaia*), le Moyen nacré (*Argynnis adippe*) et le Tabac d'Espagne (*Argynnis paphia*), le plus grand de nos *Argynnis* indigènes, qui se distingue par l'absence des taches argentées caractéristiques sur le bas des ailes. Le Robert-le-Diable se reconnaît à l'aspect déchiqueté de ses ailes de couleur rouille, qui sont très découpées ; il tire son nom anglais de Papillon-Virgule de la marque en forme de virgule sur le bas des ailes. L'Agreste (*Satyrus semele*) se trouve fréquemment au bord de la mer, le Moiré de la canche (*Erebia epiphron*) préfère les montagnes, tandis que le Tristan (*Epinephele hyperanthus*) fréquente les champs de pâturages secs ou les chemins herbeux. Le Myrtil (*Maniola jurtina*) des prés et le Fadet des tourbières (*Coenonympha tullia*) sont des papillons de juillet, de même que diverses Hespéridés et la plupart des *Polyommatinae*, l'Argus bleu ou Azuré commun et l'Azuré des anthyllides ou Demi-argus (*Lycæna semiargus*), tous deux probablement des visiteurs du continent, l'Azuré de l'ajonc ou Petit argus (*Lycæna ægon*), l'Argus bleu-nacré (*Lycæna corydon*) ainsi que l'Azuré du serpolet (*Lycæna arion*). Les *Theclinae* sont facilement identifiables par la fine bande ou la rangée de petits points qui traverse la surface inférieure de leurs ailes, ainsi que par la petite pointe des ailes inférieures, semblable à celle des *Papilionidae*, bien que plus petite. La Thècle du prunier (*Thecla pruni*) est le plus rare, la Thècle du chêne (*Thecla quercus*) le plus commun, et la Thècle de la Ronce (*Thecla rubi*), d'un beau vert émeraude, le plus petit du genre.

Parmi les Papillons de nuit, nous trouvons la Maure, la Zérène du groseillier ou Phalène mouchetée, la Zygène de la spirée que l'on nomme aussi la Zygène du pied-de-poule ou même le Sphinx bélier, la Bryophile perlée (*Bryophila perla*), le Hibou, aussi appelé la Noctuelle fiancée ou la Triphène fiancée, le Cossus gâte-bois, la Zeuzère du poirier ou du marronnier, la Grande naïade, aux ailes vert pâle, la Mondaine (*Nudaria mundana*), la Boarmie rhomboïdale (*Boarmia gemmaria*), et la Livrée des arbres (*Bombyx neustria*), dont les petits chapelets d'œufs peuvent être trouvés plus tard, entourant les rameaux des pommiers. Les chenilles du papillon de nuit la Goutte-de-sang, également appelée Carmin ou Écaille du séneçon (*Euchelia jacobææ*) sortent de leurs œufs ce mois-ci et sont facilement reconnaissables à leurs anneaux alternés de noir et d'orange. L'-Hépiale du Houblon ou Papillon Fantôme, la Louvette et l'Hépatique (ou Martinet doré) sont observés en début de soirée ; ils se caractérisent par un vol rapide. À première vue, le Papillon Fantôme semble pouvoir apparaître et disparaître à volonté, car la surface supérieure de ses ailes est blanche et la surface inférieure brun foncé, de sorte que la créature est visible ou invisible lorsqu'elle abaisse ou relève ses ailes. On dit de la Buveuse ou Bombyx buveur (*Odenestis potatoria*) qu'il a l'habitude de se baisser comme s'il buvait lorsqu'il passe au-dessus d'une nappe d'eau, bien qu'une autre explication de son nom soit que la chenille boive les gouttes de rosée sur les longues herbes dont elle se nourrit et auxquelles elle attache son cocon en forme de navette. La Noctuelle Batis porte cinq grandes taches couleur de pêche sur le dessus de ses ailes ; sa larve, qui se nourrit de feuilles de ronce, a la curieuse particularité de se recroqueviller en forme de fer à cheval. Deux chenilles curieuses que l'on peut trouver ce mois-ci sont celles du Sphinx demi-paon et de la Grande Queue-fourchue ou Grande harpie, la première est vert pâle avec sept bandes blanches de chaque côté, et une corne bleu pâle à l'extrémité du corps ; la seconde est vert vif, l'avant du corps formant une bosse avec deux grandes taches noires ressemblant à des yeux, elle a aussi deux longs poils fins à l'extrémité du corps et des bandes blanches et violettes sur le dos et les flancs.

Ce long coléoptère noir que nous pouvons rencontrer sur le chemin c'est le Staphylin noir aussi appelé « le Diable » (*Staphylinus olens ou ocypus olens*) car, lorsqu'il est dérangé, il ouvre ses puissantes mâchoires et remonte sa queue à la manière d'un scorpion. La jolie petite Cicindèle champêtre (*Cicindela campestris*) se déplace en courant au soleil, la Cicindèle des bois (*Cicindela sylvatica*) est plus grande et de couleur noir cuivré. Le Scarabée violet, comme d'autres de son espèce, se protège de ses ennemis en éjectant un liquide caustique, comme le fait aussi le petit Scarabée Bombardier (*Brachinus crepitans*). Dans le cas du Scarabée Bombardier, le liquide se volatilise avec une légère explosion de flammes bleu pâle et de « fumée », d'où son nom. Le Lampyre, communément appelé Ver luisant (*Lampyris noctiluca*) appartient à la famille des coléoptères à peau molle, tout comme les Punaises Soldats si communes sur les fleurs. La femelle du Ver luisant est dépourvue d'ailes et relativement plus grande que son compagnon ; ils sont tous les deux lumineux, tout comme leur larve qui ressemble à la femelle et qui se nourrit d'escargots. Ce sont ces larves lumineuses qui, au printemps, sont parfois confondues avec l'insecte adulte.

Les Abeilles murmurent dans les fleurs du Tilleul, dont nous pouvons observer trois espèces, le Tilleul commun (*Tilia vulgaris*) et le Tilleul à grandes et petites feuilles, les deux derniers se trouvant occasionnellement dans les vieux bois.

Apis mellifica

D'autres fleurs chères aux abeilles sont les petites fleurs violettes de la Bruyère Calune, et les diverses autres Bruyères qui font la gloire de nos landes d'été.

« Etincelle, vit et danse,

Par chaque rafale ballottée et balayée,

Et chaque goutte de pluie qui scintille.

Jamais dans un bijou ou un verre de vin, la lumière

N'a brûlé comme la bruyère pourpre ;

Et certains sont du rose le plus pâle, d'autres du blanc,

Se balançant et dansant ensemble.

Chaque tige est claire et nette,

Chaque cloche sonne,

Sans doute, un air que nous n'entendons pas

Pour le chant endormi des grives. »

La plante tire son nom du sol sur lequel elle pousse, une lande ou un espace ouvert et non cultivé. Ses fines feuilles en forme d'aiguille présentent peu de surface d'évaporation et lui permettent de prospérer dans des situations froides et exposées et sur les sols les plus secs. La Bruyère commune nommée Calune (*Calluna erica ou vulgaris*) peut être identifiée depuis le cercle polaire arctique jusqu'en Europe centrale, à des altitudes variant entre 1800 mètres et le niveau de la mer ; elle pousse également en Asie et dans certaines parties de l'Amérique du Nord. La Bruyère, comme l'Iris, l'Ancolie et l'Orchis, est un exemple de ces fleurs dont le calice et les pétales portent des couleurs aussi vives l'une que l'autre, la petite corolle en forme de cloche étant presque cachée par les sépales roses qui l'entourent. Les fleurs séchées restent sur la plante pendant de nombreux mois, car

« Bien que l'herbe et la mousse soient visibles,

Tannées par le manque de précipitations,
La Bruyère garde toujours son vert sombre,
Parsemé de petites fleurs. »

De même, les graines constituent une réserve de nourriture presque inépuisable pour les Tétras et autres oiseaux des landes. Le nom scientifique vient du grec καλλύνω (*kallúnô*), « j'embellis », « je nettoie », en référence à son utilisation dans la fabrication des balais.

Parmi les quatre espèces de Bruyères que l'on trouve notamment en Grande-Bretagne, la plus commune est la Bruyère cendrée (*Erica cinerea*), l'insigne du Clan irlandais MacAlister. La Bruyère des marais (*Erica tetralix*), l'insigne des MacDonalds, a des fleurs rose rosé, d'un aspect cireux assez curieux, et ses feuilles sont disposées en croix sur la tige, d'où son nom anglais *Cross-leaved Heath*. La belle Bruyère ciliée (*Erica ciliaris*) porte ses fleurs cramoisies en grappe unilatérale ; la Bruyère vagabonde ou Bruyère voyageuse (*Erica vagans*), a une tête florale effilée. En plus de fournir de la nourriture aux moutons et aux chèvres, la Bruyère est très utilisée pour la literie, le chaume, etc ainsi que comme combustible. Anne Pratt nous dit d'ailleurs que « les habitants du Jura et d'Isla brassent de la très bonne bière en mélangeant les jeunes fanes de bruyère avec leur malt. À Rum, Skye et Long Island, le cuir est tanné avec une préparation de ses branches, et dans la plupart des îles occidentales, on l'utilise pour teindre les fils en jaune ».

Un autre genre de plantes nécessitant peu d'humidité est celui des plantes de rocaille, dont la plus grande est le Grand Orpin. On la nomme aussi la Joubarbe des vignes, ou Herbe de la Saint-

Jean (*Sedum telephium*), en raison de son utilisation par les jeunes filles du village la veille de la Saint-Jean, lorsqu'une branche était plantée dans le mur ou dans un morceau d'argile, et examinée le lendemain matin pour voir si les feuilles tombaient à droite ou à gauche : selon la direction prise, leurs amoureux s'avéreraient être les bons ou pas. L'Orpin âcre ou brûlant, également appelé le Poivre des murailles (*Sedum acre*) est le plus répandu et porte des fleurs jaunes ; l'Orpin anglais (*Sedum anglicum*) a des fleurs blanches tachetées de rouge, l'Orpin velu (*Sedum villosum*) porte des fleurs blanc rosé, l'Orpin blanc (*Sedum album*) se reconnaît facilement à ses fleurs blanches. Il existe six autres espèces, dont la plupart, comme l'Orpin mordant, ont des fleurs jaunes ; celles du Grand Orpin sont cramoisies, et celles de l'Orpin rose (*Sedum roseum*) sont jaune verdâtre.

Les autres fleurs de juillet sont l'Absinthe, l'Armoise commune, l'Ortie royale aussi connue sous le nom de Galéopside à tige carrée, la Brunelle commune, l'Épiaire, les Solidages verges d'or, la Gaulthérie couchée, appelée aussi Thé des bois, la Linaire commune, l'Achillée ptarmique, la Cardère, la Picride fausse épervière, la Petite Ciguë, la Lampsane commune, l'Herbe aux mouches, la Centaurée, la Bardane, la Toque Scutellaria, la Cynoglosse officinale ou la Langue de chien, la Petite-centaurée rouge, l'Odontite rouge, la Verveine, la Campanule commune et la Campanule à feuilles rondes, le Filago, la Chicorée amère, la Pimprenelle, le Houblon, les Népètes, l'Angélique des bois ou Angélique sauvage, la Cuscute, curieuse plante parasite, le Panicaut maritime, aux fleurs gris-bleu et aux feuilles épineuses bleu-vert, et bien d'autres encore.

L'Armoise commune (*Artemisia vulgaris*) se distingue de l'Absinthe par l'absence de parfum aromatique, la couleur plus foncée de ses fleurs mais aussi le fait que ses feuilles ne sont blanchâtres que sur la face inférieure. La tisane produite à partir de cette plante est un remède rustique célèbre contre les rhumatismes, et ses vertus, selon l'ancienne légende écossaise, furent reconnues par la sirène de Clyde, qui semblait être un genre particulièrement sympathique et qui aurait déclaré, en déplorant la disparition de nombreuses jeunes femmes de Glasgow :

« Si elles buvaient l'eau d'ortie en mars
Et consommaient de l'armoise en mai,
Alors de nombreuses filles courageuses
Ne retourneraient pas à la terre. »

La Brunelle commune (*Prunella vulgaris*) est également une plante médicinale. Outre ses propriétés antioxydantes et antivirales, elle possède des vertus digestives, notamment en cas de crampes d'estomac, de diarrhée et de vomissements. L'Épiaire des marais (*Stachys palustris*) était utilisée de la même manière et se distingue de l'Épiaire des bois, encore appelée Ortie puante (*Stachys sylvatica*) par sa tige creuse et ses fleurs plus pâles, alors que la tige de l'Épiaire des bois est pleine et ses fleurs pourpres d'un violet foncé.

L'Épiaire des champs (*Stachys arvensis*) a des fleurs pâles teintées de rose ; l'Épiaire officinale ou Bétoine officinale (*Stachys betonica*) peut être reconnue des autres espèces par le fait qu'il y a un espace vide entre les verticilles supérieurs et inférieurs, ces derniers portant également un couple de feuilles immédiatement en dessous. Les Romains appréciaient tellement cette plante qu'ils avaient un proverbe : « Vends ton manteau et achète de la Bétoine », et Antoninus Musa, médecin de l'empereur Auguste, affirmait qu'elle guérissait pas moins de quarante-sept maladies. Wolfgang Franz, dans son livre *History of Brutes or A Description of Living Creatures*, dit d'un cerf que, « lorsqu'il est blessé par un dard, son seul remède est de manger un peu de l'herbe appelée Bétoine, qui aide à la fois à faire sortir le dard et à guérir la blessure. »

La Solidage verge d'or ou Baguette d'Aaron (*Solidago virgaurea*) a reçu son nom scientifique du latin *solidare*, unir. Les médecins de l'Antiquité en parlent comme de « l'une des herbes les plus nobles pour soigner les plaies » ; elle était également utilisée comme teinture. L'Achillée millefeuille (*Achillea millefolium*) est également une plante médicinale et tient son nom d'Achille, qui l'employait pour soigner ses plaies ; aujourd'hui, elle s'utilise plutôt pour soulager les troubles digestifs et les douleurs menstruelles. Conseillée également pour améliorer la digestion et soigner la dyspepsie, c'est surtout une plante emménagogue : elle stimule le flux sanguin de la région pelvienne et de l'utérus. Pour toutes ces propriétés, elle mérite son surnom de « meilleure amie des femmes ».

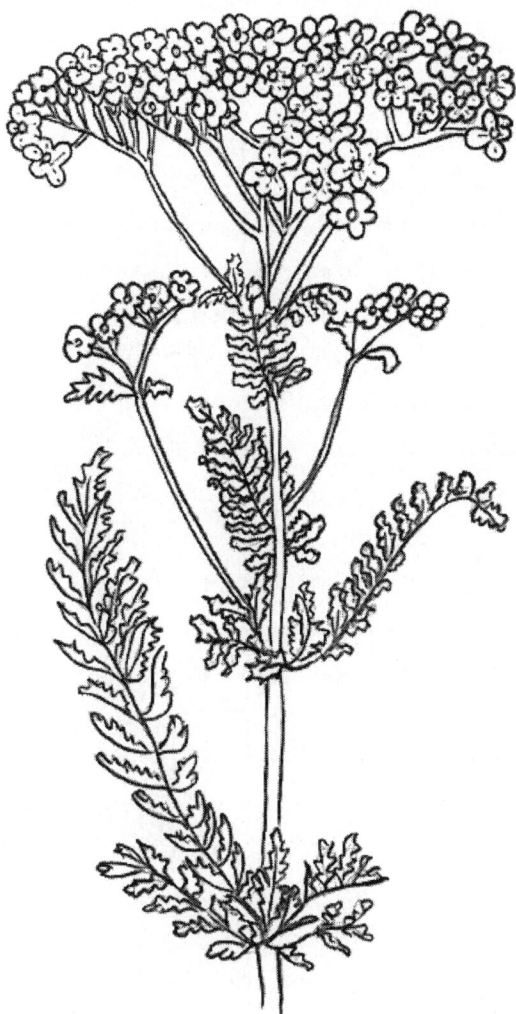

Achillea millefolium

L'Achillée sternutatoire ou ptarmique (*Achillea ptarmica*) appartient au même genre, mais ses feuilles sont non-divisées et les fleurs sont individuellement plus grandes que celles de l'Achillée millefeuille. La Cardère sauvage (*Dipsacus sylvestris*), dont les sommités fleuries, qui figurent sur les armoiries de la Guilde des Drapiers (ceux que Rembrandt aura si talentueusement représenté dans son tableau du même nom), sont encore placées dans des cadres et utilisées pour peigner le tissu, l'avantage étant que si un crochet s'emmêle dans un élément quelconque, il est arraché et l'ouvrage n'en est pas endommagé, alors que les dents inflexibles des machines déchireraient le tissu. Les feuilles poussent par paires, unies autour de la tige piquante, et l'eau qui s'accumule dans ces coupes naturelles empêche les fourmis de monter pour prendre le miel réservé aux insectes ailés qui, seuls, peuvent féconder les fleurs. C'est en allusion à cette eau que le nom scientifique a été donné, issu du grec δίψα (*dípsa*), « soif ».

Les fleurs jaune terne de l'Herbe aux mouches ou œil de cheval (*Inula conyza*), en raison de leur petitesse, semblent ne pas être complètement ouvertes car leur parfum n'est perceptible que lorsque la plante est fanée. John Clare, dans son poème *Cowper Green*, parle de
« L'odeur épicée de l'Herbe aux mouches
Et du Thym, puissamment parfumé, sous les pieds,
Et des bourgeons de Marjolaine si merveilleusement sucrés. »

La Vergerette âcre (*Erigeron acre*), aux pétales bleus et au cœur jaune, appartient à un autre genre. L'Origan commun (*Origanum vulgare*) tire son nom scientifique du grec ὄρος (*orós*), « montagne », et γάνος (*gamos*), « joie » ; il est cultivée en pot, mais aussi employé en médecine pour ses vertus antibactériennes, antiseptiques et anti-infectieuses. En infusion, il est rafraîchissant et permet également de prévenir les maladies respiratoires et de renforcer les défenses immunitaires. Anne Pratt nous apprend d'ailleurs que « le territoire de l'Oregon aurait reçu son nom de la prolifération de cette plante dans cette région. »

La légende de la Renouée persicaire (*Polygonum persicaria*), qui explique la curieuse tache foncée sur ses feuilles, est la même que celle de l'Orchis mâle et de l'Arum tacheté : elles auraient poussé au pied de la croix du Christ et auraient reçu la goutte de sang qui marqua leur feuille à jamais.
La Persicaire ou Renouée amphibie (*Polygonum amphibium*) pousse soit dans l'eau, soit sur la terre ferme. Dans le premier cas, ses feuilles sont flottantes, oblongues et lisses, mais dans le second, elles sont velues et en forme de lance. La Renouée poivre d'eau (*Polygonum hydropiper*), avec ses épis tombants de fleurs jaune-verdâtre, pousse abondamment dans les fossés, et une autre espèce commune est la Renouée à feuilles d'oseille (*Polygonum lapathifolium*) avec ses fleurs rose pâle.

Les plantes aquatiques du moment sont la Sagittaire à feuilles de flèche (*Sagittaria sagittifolia*) du latin *sagitta*, une flèche, facilement reconnaissable à ses feuilles pointues ; le Myriophylle, la Lobélie de Dortmann, aux fleurs lilas pâle, et le Stratiote aloïde, le Faux-aloès (*Stratiotes aloïdes*) dont le feuillage fait penser à celui d'un ananas et que l'on surnomme alors « l'ananas d'eau » et qui, comme la Sagittaire, tire son nom scientifique et son nom vulgaire de ses feuilles en forme d'épée et bordées comme celles d'un Aloès. C'est pour cela que les anglais la nomment *Water Soldier*, le Soldat d'eau, du grec στρατιωτης (*stratiáomai*), un soldat. Cette plante rare est la seule de son genre et appartient à la même famille que la Grenouillette (*Limnobium laevigatum*), qui fleurit également ce mois-ci. Dans des situations humides similaires, nous trouvons l'Œnanthe safranée, le Persil d'eau à larges feuilles, la Ciguë aquatique qui est mortellement toxique, le Bident tripartite parfois appelé le Chanvre d'eau, la Massette à larges feuilles, aussi appelée Roseau à massette (*Typha latifolia*) et la Massette à feuilles étroites ou Quenouille du Canada (*Typha angustifolia*) et bien sûr le Scirpe aigu, également nommé le Jonc des chaisiers pour sa propriété à se tresser aisément (*Scirpus lacustris*). La Lysimaque commune (*Lysimachia vulgaris*) et le Mimule jaune aiment les berges des rivières et, sur les terrains marécageux poussent la belle Narthécie des marais jaune et le Mouron délicat aux fleurs rosées, ainsi que la curieuse Droséra, dont les feuilles en forme de cuillère sont garnies de poils rouges collants qui retiennent les nombreux insectes qu'ils piègent.

La Criste marine, Perce-pierre (*Crithmum maritimum*) porte parfois le nom d'Herbe de Saint Pierre et est une plante qui est souvent utilisée pour faire des *pickles* (ces condiments conservés dans du vinaigre ou en saumure), tout comme la Salicorne d'Europe (*Salicornia herbacea*). Cette dernière se distingue de la véritable Salicorne par l'absence de feuilles ; les fleurs des deux plantes sont très petites, les fleurs verdâtres de la Salicorne d'Europe sont portées en épis à l'extrémité des tiges, les fleurs blanches de la Salicorne commune poussent en grappes.   En anglais, la Salicorne d'Europe se nomme *Glasswort* en raison de sa teneur en soude, qui était autrefois utilisée dans la fabrication du verre.

La Prêle, que l'on trouve si fréquemment dans les fossés et sur les terrains vagues, ressemble à la Pesse vulgaire (*Hippuris vulgaris*) par sa tige articulée, mais c'est une plante sans fleurs, apparentée aux fougères et aux mousses, qui se propage au moyen de spores, et qui forment un cône en forme de massue au sommet de sa tige. Celles-ci tombent lorsqu'elles sont mûres, et chacune d'entre elles est munie de quatre filaments qui, lorsqu'ils sont humides, s'enroulent autour de la spore, et lorsqu'ils sèchent, se déroulent avec une telle force qu'ils propulsent la spore sur le sol ; de cette façon, une distance considérable peut être parcourue, et si la plante prend pied dans un champ ou un jardin, il est presque impossible de l'éradiquer. Les branches vertes articulées poussent en verticilles, et les petites feuilles brunes sont serrées à la base des articulations. La tige contient une quantité considérable de silice, c'est pourquoi la plante est utilisée pour polir les métaux, le marbre, l'ivoire, etc notamment une espèce cultivée en Hollande (*Equisetum hyemale*) et importée sous le nom de Prêle d'hiver.

Chapitre VIII

Août

« Le sixième était août, si richement vêtu.

Ses vêtements d'or descendant jusqu'au sol :

Pourtant, il ne montait pas, mais menait une jolie fille de mai

Avec une poignée de lys, entourée d'épis de maïs.

Avec des oreilles cornues, sa main était pleine :

C'était la Vierge vertueuse, qui autrefois

Vivait ici-bas, et l'abondance y régnait ;

Mais, lorsque l'Injustice fut chérie et la Justice vendue,

Elle quitta ce monde impie, et se retira au firmament. »

Spenser

Le mois d'août était à l'origine *Sextilis*, le sixième mois, mais juillet ayant été attribué à Jules César, le mois suivant fut appelé d'après son successeur Octave, qui avait été adopté sous le nom d'Auguste, porté ensuite par chaque empereur romain à tour de rôle. Auguste étant né en septembre, il fut d'abord proposé que ce soit ce mois-là qui serait rebaptisé, mais la préférence fut donnée à *Sextilis*, d'une part parce qu'il suivait immédiatement celui du prédécesseur de l'empereur, et d'autre part parce que ce mois s'était révélé favorable à Auguste, étant donné qu'il avait été admis au consulat, avait célébré trois triomphes, avait reçu le serment d'allégeance des légions du *Janicule*, avait placé l'Égypte sous le pouvoir de Rome et avait mis fin aux guerres civiles. *Sextilis* fut donc choisi par le Sénat romain pour cet honneur, et un jour, pris sur le mois de février, fut ajouté aux trente jours initiaux afin de ne pas avoir à jalouser les 31 jours du mois de Jules.

Le poète médiéval Richard Verstegan l'appelait *Arn (Harvest) Monat* et *Barne Monat*, « induisant par là le remplissage des granges en grains », et le dicton français atteste d'ailleurs que c'est un mois bien rempli.

« Qui dort en Août
Dort à son coût. »

et

« En Août quiconque dormira
Sur midi s'en repentira. »

Ce qui signifie, que les gens paresseux dans leur jeunesse devront souffrir des privations quand ils seront vieux.

Cette vie intense dans la nature fut d'ailleurs bien traduite dans le nom qu'avaient choisi les révolutionnaires pour ce mois des fruits : Fructidor.

Pour le moment
« Les faucheurs sur la place réparent,
Le crochet et les bouteilles à la main,
Et les sacs en jute accrochés à leur côté.
Les faucilles déchaument toute la terre,
Et les rires bruyants vont bon train ;
Les repas sont servis et aussitôt avalés,
Et ni le temps ni les vivres ne sont perdus. »

Les Allemands disent qu'un beau temps le jour de la Saint Laurent (10 août) prédit une bonne année viticole, et « S'il pleut le jour de Saint Laurant, il y aura beaucoup de légumes », tandis que les Français et les Italiens croient que :
« S'il pleut à la Saint Laurent
La pluie vient à temps :
Si elle vient à Notre Dame
Chacun encore l'aime ;
Si la pluie vient à la Saint Barthélemy
Souffle lui au derrière. »
Notons qu'ici Notre Dame réfère à la fête de l'Assomption, le 15 août.

Un autre proverbe nous dit cependant que :
« S'il pleut à la Saint Barthélemy
Il y aura assez de raves et de regain. »

137

Alors qu'en Angleterre, on dit que
« Saint Barthélémy
apporte la rosée froide »,
car à présent, les nuits commencent à se refroidir, l'été décline, on
entend pour la dernière fois la Fauvette noire avant son départ
pour l'Afrique, les Martinets vont et viennent, les « Hirondelles se
préparent à s'envoler », et chaque jeune Merle choisit la parcelle
de terrain qui sera désormais son domaine, une décision qui entraîne parfois le spectacle inconvenant d'un duel entre père et fils,
si ce dernier souhaite rester près de son lieu de naissance.

La jolie petite Souris des moissons (*Mus minutus*) réside dans son
nid parmi les tiges de maïs, un nid décrit par Gilbert White, qui a
été le premier à découvrir cette petite créature dans son territoire,
comme étant « le plus artificiellement conçu, et composé de brins
de blé ; parfaitement rond et de la taille d'une balle de cricket,
avec l'ouverture si ingénieusement fermée qu'il était impossible de
découvrir à quelle fonction il était destiné ». Dans ce nid vit une
famille poilue de cinq à huit ou neuf petits, la mère elle-même ne
mesurant qu'une petite dizaine de centimètres, dont la queue représente près de la moitié. La Souris des moissons, à l'exception
de sa cousine, la Musaraigne pygmée, est le plus petit de nos
mammifères. Il y a probablement plusieurs couvées au cours
d'une saison, et les souris sont souvent emportées accidentelle-
ment parmi le blé mûr, passant leur hiver dans la meule de foin,
dans laquelle elles restent actives. Quand elles vivent naturellement dans le champ, elles construisent un terrier et hibernent
pendant la saison froide.

Le papillon jaune nommé le Souci (*Colias edusa*) et celui qui lui ressemble, le Soufré (*Colias Hyale*) sont visibles ce mois-ci, et leur apparence, particulièrement celle du Soufré, est difficile à distinguer.

Aglais urticae

Urtica dioica

Divers papillons et papillons de nuit « à double couvée » apparaissent également – la Piéride du navet et la Piéride du réséda, veinée de vert, l'Azuré des nerpruns ou Argus à bande noire, l'Hespérie de la mauve et le Point-de-Hongrie, ainsi que les papillons de nuit le Courtaud et la Faucille. L'épithète « à double couvée » est trompeuse, car aucun papillon ou papillon de nuit ne produit réellement plus d'une seule couvée par an, leurs œufs sont généralement pondus en été et les chenilles qui en résultent restent à l'état de chrysalide tout au long de l'hiver, émergeant en tant qu'insectes adultes au printemps ou au début de l'été. Ces derniers pondent à leur tour des œufs qui subissent le même processus, mais chez certaines espèces, les chenilles issues d'œufs pondus au printemps deviennent des papillons de jour ou de nuit à la fin de l'été et il y a donc, en quelque sorte, une deuxième « génération » de cette espèce particulière. Par exemple, le Celastrina, qui est un papillon à double couvée, émerge de son état de chrysalide en avril ou mai, et les chenilles qui en résultent apparaîtront en tant que papillons en août ; tandis que les chenilles issues des œufs du papillon d'août passeront l'hiver en chrysalides et émergeront à leur tour en avril prochain. Dans le cas du Cuivré commun, le nombre de couvées s'élève à trois. Certains lépidoptères, comme le Grand collier argenté et la Mégère, les papillons de nuit Drepanidae ainsi que celui nommé la Porcelaine, ont une double couvée dans le sud mais pas dans le nord, tandis que d'autres, comme le Souci jaune pâle que nous venons de mentionner, ont une double couvée sur le continent, mais une seul en Angleterre. Dans certains cas, comme celui de la Livrée des arbres, les œufs pondus en automne n'éclosent pas avant le printemps suivant, dans d'autres, comme celui du Moiré sylvicole (*Erebia Æthiops*), c'est la chenille et, dans le cas de la Petite tortue ou Vanesse de l'ortie, c'est l'insecte parfait, qui hiberne.

On calcule qu'en moyenne, chaque femelle de papillon de jour ou de nuit pond annuellement de deux à six cents œufs, mais les ravages des mouches Ichneumon, des Guêpes et des oiseaux empêchent les chenilles d'atteindre leur maturité. La mouche Ichneumon, redoutée par tous ceux qui conservent des collections de chenilles, pond ses œufs dans le corps-même de la pauvre créature, et les jeunes larves se nourrissent des sucs vitaux de leur hôte, les absorbant progressivement jusqu'à ce que la chenille devienne une chrysalide dont il ne reste pratiquement rien, sa peau ou sa chrysalide étant occupée par les chrysalides de ses envahisseuses.

La Mouche elle-même se nourrit des sucs des plantes. Les Guêpes dévorent les chenilles et les transportent dans leurs nids pour nourrir leurs larves. La solitaire Guêpe maçonne (*Odynerus parietum*) les paralyse d'abord en les piquant, de sorte que la chenille reste vivante mais impuissante, et que sa jeune larve, sortant de son œuf, trouve sa nourriture à portée de main.

Des nuées de Fourmis quittent maintenant leurs nids, s'élevant et s'abaissant régulièrement sur des ailes vaporeuses tandis qu'elles flottent en vastes colonnes dans l'air, choisissant leurs compagnes dans ce labyrinthe en mouvement. Après ce curieux vol nuptial, dont l'objet est de disperser les insectes sur un terrain frais à une certaine distance du nid d'origine, les mâles, et beaucoup de femelles, disparaissent – proies des oiseaux et des poissons, les femelles restantes se mordent les ailes, devenues inutiles, et fondent de nouvelles colonies, déposant leurs œufs dans les fissures du sol, évitant les endroits susceptibles d'être dérangés et choisissant les bordures plutôt que le milieu des chemins.

Voici un minuscule point écarlate, c'est la larve du Trombidion soyeux ou Acarien rouge (*Trombidium holosericeum*) qui mène une vie parasitaire, aspirant la nourriture de sa malheureuse victime – humaine ou animale – dans laquelle il a enfoncé ses mandibules acérées ; il est apparenté à l'inoffensif Tétranyque tisserand ou Acarien jaune (*Tetranychus telarius*).

Avec la maturation du maïs, la première touche d'automne se glisse dans les noms de nos fleurs, la rare Scille d'automne (*Scilla autumnalis*), la Spiranthe d'automne (*Spiranthes autumnalis*) avec son épi en spirale de petites fleurs blanches, et le familier Liondent d'automne (*Leontodon autumnalis*), le pissenlit d'automne d'Amérique, qui peut être distingué des autres espèces de son genre par le fait que, tandis que les fleurs des deux autres espèces – le Liondent hérissé (*Leontodon hirtus*) et le Liondent fausse hyoséride (*Leontodon hispidus*) – tombent lorsqu'elles sont en bouton, celles du Liondent d'automne se tiennent droites. La Gentiane amère (*Gentiana amarella*) fleurit ce mois-ci, tout comme la Gentiane baltique, la rare Gentiane des marais et la Gentiane d'Allemagne (*Gentiana germanica*), cette dernière ressemblant à la première mais étant plus grande et se distinguant par les lobes de son calice, qui sont presque égaux chez la Gentiane amère et inégaux chez la Gentiane d'Allemagne.

Diverses espèces de Chénopodes sont actuellement en fleur, le nom scientifique et populaire suggéré par la forme des feuilles, du grec χήν (*khên*), une oie, et πούς (*poús*), un pied. Les petites fleurs de couleur verdâtre poussent en épis, un peu comme l'Oseille. Les deux espèces les plus courantes sont le Chénopode blanc (*Chenopodium album*) aux feuilles poudrées, et le Chénopode rouge (*Chenopodium rubrum*). Le Chénopode bon-Henri ou Ansérine (*Chenopodium Bonus-Henricus*) est utilisé comme épinard et est même cultivé et connu comme la Mercuriale. La famille est considérable, englobant les différentes Betterave fourragères et potagères, et incluant l'Ansérine à épis ou Chénopode à grappes.

D'autres plantes utiles sont le Marrube blanc (*Marrubium vulgare*) aux fleurs blanchâtres, et la Ballote noire ou fétide (*Ballota nigra*) aux fleurs violettes, cette dernière appartient à un genre différent et tire son nom scientifique de sa forte odeur car le grec βαλλωτή (*balaústion*) signifie rejeté ; le nom populaire, lui, se réfère plutôt à l'aspect blanc et houblonné des feuilles velues.

Parmi les différentes menthes, les plus communes sont la Menthe aquatique (*Mentha hirsuta*) et la Menthe sylvestre (*Mentha longifolia*) ; toutes deux poussent dans des endroits humides et sont fortement parfumées, elles ont toutes les deux des fleurs de couleur lilas, mais celles de la Menthe aquatique sont portées en forme de tête arrondie, alors que celles de la Menthe sylvestre forment un épi. La Menthe verte (*Mentha viridis*), cultivée en pot et que l'on trouve parfois à l'état sauvage, est probablement une forme cultivée de la Menthe sylvestre.

À présent,
« Le parfum de la tanaisie s'échappe des prairies.
Quand le vent d'ouest fait tomber l'herbe longue et verte. »
Cette plante est utilisée en médecine et ses feuilles étaient autrefois employées dans la préparation des gâteaux du Carême, ainsi que

pour les puddings à la Tanaisie décrits par Anne Pratt et le révé-rend C. A. Johns comme « nauséabonds », bien que la première ajoute, en toute impartialité, que « de nombreux campagnards mangent cependant ces puddings avec beaucoup de délectation ». Cette coutume de « manger du *tansy pudding* et du *tansy cake* à Pâques », lisons-nous dans *Notes and Queries* – cette revue scienti-fique trimestrielle fondée en 1849 qui publie de courts articles sur la langue et la littérature anglaises, la lexicographie, l'histoire et l'antiquariat scientifique – « est d'origine très ancienne, et re-monte sans doute à la coutume juive de manger des gâteaux faits avec des herbes amères (Nombres ix., II.) ; mais, pour lui enlever tout son caractère juif, à une date très ancienne, il devint habituel de manger du porc ou du lard avec les gâteaux. » Le nom est une corruption du grec ἀqansia pour immortalité, « comme si elle était immortelle, car ses fleurs se fanent difficilement, » selon Ge-rarde.

Mais la plus jolie des fleurs du mois d'août est la Parnassie des marais (*Parnassia palustris*), avec ses fleurs blanc crème de la taille d'une Renoncule, striées de délicates nervures vertes, avec un cœur vert entouré de curieuses écailles en forme d'éventail frangées de poils blancs. Elle tire son nom du Mont Parnasse et est la seule représentante, en France, du genre *Parnassia*. Elle est originaire d'Amérique du Nord, et divers membres du genre se trouvent dans les régions froides et humides, des montagnes de l'Inde vers le nord jusqu'au cercle arctique.

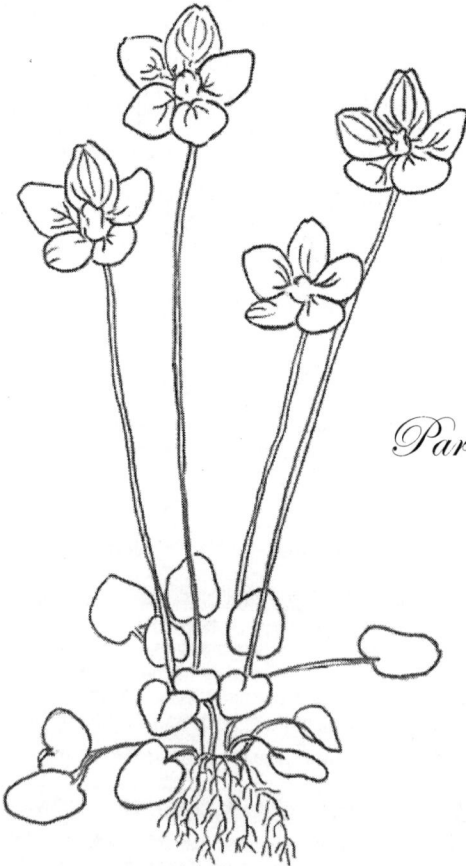

Parnassia palustris

La Saponaire officinale (*Saponaria officinalis*), avec ses jolies fleurs roses, était autrefois utilisée pour le nettoyage, ses feuilles et ses racines étant riches en saponine, qui mousse facilement dans l'eau, d'où son nom scientifique et populaire, du latin *sapo* : savon. La Serratule des teinturiers fleurit également ce mois-ci, tout comme le Laiteron des champs (*Sonchus arvensis*) et la rare Saussurea alpine aux fleurs dont le parfum rappelle l'Héliotrope, tandis que sur le rivage, nous trouvons l'Euphorbe maritime (*Euphorbia paralias*), le Pourpier de mer et la Guimauve officinale (*Althæa officinalis*) ; comme la Grande Mauve. Cette plante contient un mucilage cicatrisant et est utilisée en médecine. On y trouve également le rare Buplèvre grêle (*Bupleurum tenuissimum*) et la Renouée maritime (*Polygonum maritimum*), le premier dans les marais salants, le second sur les côtes sablonneuses.

Promenons-nous, à présent, en bord de mer pour aller voir le Silène à fleur (*Silene maritima*), qui fleurit tout l'été, et qui se distingue du Silène enflé (*Silene cucubalus*) par ses fleurs plus grandes aux pétales légèrement fendus, ceux du Silène enflé étant plus profondément découpés. On y trouve également la Lavande de mer, la Roquette de mer (*Cakile maritima*) et le Lysimachia maritima (*Glaux maritima*) sans pétales, mais avec un calice rose parsemé de cramoisi. Le Panicaut maritime (*Eryngo maritimum*) était autrefois censé avoir le pouvoir magique d'assurer la fidélité, et on dit notamment dans les lettres poétiques et amoureuses latines des *Héroïdes*, qu'il fut utilisé en vain par Sappho pour gagner l'amour de Phaon. Ses racines fournissent un tonique, et, confites avec du sucre, elles constituent les *Kissing Comfits* : dragées parfumées adoucissant l'haleine et appréciées par la reine Elizabeth II.

Quittons maintenant le bord du rivage et marchons un peu sur la plage, explorant les fosses rocheuses et les grandes étendues de sable. C'est là, dans les eaux profondes, que pousse la Zostère marine, aussi appelée Varech marin, (*Zostera marina*) avec ses longues tiges, ses feuilles étroites d'un vert vif, mesurant de 30 à 90 cm de long et d'environ 1 cm de large ; bien qu'elle semble être une algue, c'est une vraie plante à fleurs, avec des racines rampantes et des fleurs simples recouvertes d'une sorte de gaine, alors que les vraies algues sont sans racines, se fixant à la roche ou à la pierre par une sorte de ventouse et se propageant au moyen de spores. Les Potamots séchés sont largement utilisés pour emballer la porcelaine, le verre, etc. et pour rembourrer les matelas.

L'Ulva compressa, qui est parfois appelée « entéromorphe » ou « cheveux de mer » (*Enteromorpha compressa*), recouvre aussi bien les digues en pierre qu'en bois, de ses feuilles douces et étroites, chacune étant fermement fixée à la base et absorbant sa nourriture de l'eau salée dans laquelle elle flotte. Il s'agit d'une véritable algue, tout comme la Laitue de mer (*Ulva latissima*), si bien connue de tous les détenteurs d'aquariums marins pour sa capacité à former de l'oxygène au soleil, préservant ainsi la pureté de l'eau. Les ostréiculteurs l'utilisent pour couvrir les huîtres destinées au marché, les maintenant ainsi fraîches et humides. Cette espèce, ainsi qu'une autre (*Ulva lactuca*), est parfois utilisée comme aliment, tout comme le Porphyra (*Porphyra laciniata et Porphyra vulgaris*), qui a une saveur supérieure et qui est connu en Irlande et en Ecosse sous le nom de Sloke et Sloakan. La Dulse rouge (*Palmaria palmata*) est également comestible et le Goémon blanc ou Mousse d'Irlande (*Chondrus crispus*) est utilisée pour faire du blanc-manger, de la soupe, et même pour engraisser les porcs.

Les quatre Varechs les plus communs, le Varech vésiculeux, le Varech dentelé, le Goémon noir et la Pelvétie se distinguent assez bien les uns des autres – le premier (*Fucus vesiculosus*) est caractérisée par sa nervure médiane et ses poches d'air ovales qui sautent si délicieusement sous le pied, et qui servent à gonfler la plante sous l'eau. ; le second (*Fucus serratus*), comme son nom l'indique, porte des bordures dentelées ; le Goémon noir (*Fucus nodosus*) par les renflements ovales ou les bosses le long de la tige, n'a pas de nervure médiane et est de couleur plus claire que les trois autres ; et la Pelvétie (*Fucus canaliculatus*) par son profond sillon, ses tiges qui sont également plus étroites et plus ramifiées que celles des trois premières. Nous trouvons aussi les belles algues « à cheveux » placées dans le genre Ulva, la Griffithsia rouge rosé, et la Padine queue-de-paon (*Padina pavonia*) qui est si gaie avec ses anneaux oranges, verts, jaunes, gris et rouges ; elle mesure de 5 à 12 cm de long et a la forme de la queue d'un paon. La Laminaire digitée (*Laminaria digitata*) pousse en eau profonde et atteint une longueur d'environ trois mètres. Des parties détachées de sa longue tige épaisse et de ses larges feuilles en forme de ruban sont constamment rejetées sur le rivage. La tige est utilisée pour fabriquer des poignards, la pointe d'une lame de couteau étant enfoncée dans l'algue molle lorsqu'elle est encore fraîche. Le séchage de l'algue contracte fermement le manche autour de la lame, et ainsi, une bonne tige donnera une douzaine de manches, ou plus. Cette autre longue bande glissante et arrondie d'algues brunes, est appelée le Fil de mer (*Chorda filum*) ; elle consiste en une tige cylindrique et tubulaire et sa longueur varie de 30 cm à plus d'1 mètre. La petite Coralline officinale (*Corallina officinalis*) a longtemps été une énigme pour les naturalistes, mais elle est maintenant définitivement reléguée au royaume végétal. Pendant sa croissance, elle est de couleur violette, mais lorsqu'on la retire de l'eau, la teinte violette disparaît, laissant ce squelette crayeux qui a induit le monde scientifique en erreur. Le Tapis de mer (*Zoanthus sociatus*) et le Spirobranche-arbre de Noël (*Spirobranchus giganteus*), en revanche, sont des membres du règne animal, les demeures de myriades d'habitants minuscules, chacun occupant sa propre cellule. L'apparence de mousse du Tapis de mer, recouverte des têtes saillantes de ces petites créatures, a donné, à ces colonies, le nom général d'animaux-mousses. Leurs jeunes nagent librement dans la mer avant de s'installer dans une colonie. Ils se reproduisent à partir d'œufs et de germes, comme les Hydrozoaires. Les taches blanches sur les varechs et autres algues sont l'œuvre de diverses espèces de mousses.

Les oiseaux de mer tournent maintenant au-dessus de nos têtes, la plupart d'entre eux étant des espèces variées de Mouettes et de Sternes, mais nous pouvons voir le Cormoran avec son long cou, les Fous (du genre *Morus*), les Puffins, le Guillemot, et l'étrange petit Macareux, parfois appelé « perroquet de mer », à cause de la forme de son bec rouge et jaune vif, tandis que le rapide petit Huîtrier court si vite sur le sable, avec son long bec orangé.

Les rochers sont parsemés de Patelles, de Balanes, de Bigorneaux et d'autres espèces d'Escargots de mer. Les Bigorneaux et les autres Escargots se nourrissent d'algues qu'ils arrachent à l'aide de leur merveilleux « ruban dentaire », une langue râpeuse munie de centaines de dents minuscules disposées en rangées de trois, enroulée dans la bouche, de telle sorte qu'à mesure que les dents utilisées s'usent, un nouveau morceau de langue est avancé. La Patelle se nourrit de la même manière, retournant généralement à son ancienne place, sur le rocher, lorsque sa faim est rassasiée.

Le Bernache-gland (*Balanus porcatus*) a été décrit par le professeur Huxley comme « un crustacé fixé par sa tête et portant sa nourriture à sa bouche à l'aide de ses pattes » ; comme le Tapis de mer, c'est un animal qui nage librement lorsqu'il éclot, mais il s'installe rapidement dans une existence sédentaire, se fixant, comme on l'a décrit, par l'arrière de la tête et pêchant sa nourriture à l'aide des longs filaments qui représentent ses pattes. Bien qu'il soit pourvu d'une coquille, le Bernache-gland n'est pas un mollusque, mais appartient aux crustacées et il est donc apparenté au Crabe et au Homard.

La Littorine des rochers (*Littorina rudis*) ressemble plutôt à un Bulot par la forme de sa coquille, dont la couleur varie du blanc au brun. La Nasse réticulée (*Nassa reticulata*) se reconnaît aux stries en forme de perles qui courent le long de sa coquille ; elle aussi se nourrit d'algues, mais le vrai Bulot (*Buccinum undatum*), connu en Écosse sous le nom de *Buckie*, est carnivore et terriblement destructeur, perçant avec sa langue en forme de lime les coquilles les plus épaisses. Ses agglomérats d'œufs mous sont petits au moment de la ponte, comme ceux de la Grenouille, mais ils gonflent rapidement sous l'effet de l'humidité ambiante. Les œufs de la Raie et de l'Aiguillat commun, connus sous le nom de Bourses de sirène, sont d'autres types de capsules d'œufs couramment observés ; les œufs de la Raie ont une « anse » pointue à chaque coin, tandis que ceux de l'Aiguillat ont été comparés à une taie d'oreiller munie de ficelles. Le Pourpre petite pierre (*Purpura lapillus*) a à peu près la taille et la forme du Bigorneau, d'ailleurs ce nom et celui de Buccin des chiens lui sont parfois appliqués ; il a une coquille de couleur pâle, généralement marquée de deux ou trois bandes de brun jaunâtre clair. La célèbre teinture utilisée pour la robe impériale des empereurs romains était préparée à partir de ce petit mollusque, et comme on n'obtenait qu'une seule goutte par animal, des milliers d'entre eux ont dû être abattus pour leur fabrication. Le liquide colorant est contenu dans un petit sac qui a d'abord un aspect laiteux, puis, en séchant, il passe du jaune, au bleu, au vert et enfin au pourpre rougeâtre. Les œufs du Pourpre ressemblent à des grains de maïs dressés sur la pointe, chacun étant fixé par une petite tige ils contiennent plusieurs individus.

Les formes et les couleurs des coquilles vides rejetées par les vagues sont tout à fait fascinantes : la belle coquille Saint-Jacques, les Epitoniidae ou Escargots à corne, le petit Cauris, la coquille nacrée des Calliostomes (*Calliostoma zizyphinum*), qui ressemblent à un sommet inversé ou à une pyramide, avec une bouche en forme de nacre qui broute les herbes marines, les Tellines, blanches comme la neige à l'intérieur et roses à l'extérieur, la Pholade commune (*Pholas dactylus*), le Petit Barnea, plus petit et de couleur jaune brunâtre, le Couteau-gaine (*Solen ensis*) avec sa longue forme de lame, la curieuse Grande nacre, parfois également appelée « Jambonneau hérissé », la Coque blanche (*Cardium edule*) et la Moule (*Mytilus edulis*) bien sûr avec son bleu sombre si caractéristique, chacune portant l'histoire d'un petit occupant disparu :
« Se tenait-il à la porte de diamants
De sa maison habillée d'un collier arc-en-ciel ?
Poussait-il, lorsqu'il était déroulé,
Un pied d'or ou une corne de fée

Dans son monde abyssal ?

« Certains sautent, certains fouillent, certains creusent leurs maisons
Dans le sable mou ; certains attachent leur frêle personne,
Avec un cordon qu'ils ont eux-mêmes fabriqué, à la roche à demi fusionnée ;
D'autres, patiemment, creusent la falaise de pierre,
formant un palais alvéolaire. »

Les mystères de l'océan de Arthur Mangin

Dans les bassins d'eau salée, on peut trouver l'Éponge mie de pain et la Grantia, qui est un genre d'éponge calcaire ; et c'est ici que s'élancent les poissons comme la Motelle à cinq barbillons (*Motella mustela*), avec son dos brun noirâtre et son ventre argenté, ainsi que la petite Girelle arc-en-ciel (*Coris julis*). On trouve aussi la Blennie mordocet (*Blennus pholis*) à l'œil cramoisi, qui se dissimule dans le sable, ; le Gobie grimé (*Amblyeleotris guttata*) avec le corps blanc recouvert de petites taches oranges qui rappellent un déguisement d'acteur ; ainsi que le Gobie noir (*Gobino niger*).

Il y a aussi les Crevettes (*Parapenaeus longirostris*), et les Gambas (*Aristeidae penaeoidea*) à corps gris semi-transparent ; la Crevette striée (*Pandalus annulicornis*) qui est couverte de stries écarlates et qui porte des antennes annelées de la même couleur, et qui tire son nom anglais *Æsop Prawn* de l'aspect voûté de son dos, comme celui de l'auteur supposé des Fables. On peut trouver la Puce de mer (*Talitrus locusta*) dans ces bassins, elle saute sur le sable − en pliant le corps et en le redressant soudainement − ou bien elle se terre sous la surface jusqu'à ce que la marée monte.

Les Coques et les Bucardes, les Couteaux arqués et les Aréni-
coles, souvent appelés « vers de vase" sont des fouisseurs que l'on
peut facilement localiser – les deux premiers par le trou rond laissé dans le sable, et le dernier, très utilisé comme appât, par les tor-
sades de sable qu'il laisse à l'entrée de son trou. Le Neréis est un
ver brun, ressemblant à première vue à un mille-pattes que l'on
trouve généralement sous les pierres, et qui porte une ligne rouge
foncé sur le dos et un ventre rose brillant. Le joli petit Vers Serpula (*Serpula contortuplicata*) forme un tube osseux torsadé, sur une coquille ou une pierre, d'où sort une délicate touffe de branchies
cramoisies brillantes. La Sabelle se construit un tube étroit de
grains de sable, fixé avec une colle naturelle ; les Térébelles font
de même. Le tube de la Térébelle diffère de celui de la Sabelle car
il est muni d'une frange, faite de grains particulièrement minuscules, autour de la bouche. Tous ces vers de mer sont pourvus de
poils sur toute leur longueur, poils qui, chez l'Aphrodite épineuse,
que l'on appelle aussi la Souris de mer (*Aphrodite aculeata*), prennent
la forme d'un manteau emmêlé, étouffé par la boue. Mais si on
lave la petite créature dans de l'eau salée propre, elle brille de
toutes les couleurs de l'arc-en-ciel.

Le curieux Oursin (*Echinus sphære*) est étroitement lié aux Étoiles
de mer, dont l'Étoile à cinq doigts et le Crachat d'amiral, en
forme de soleil, sont les plus communes, tandis que l'Ophiure et
l'Etoile à pattes d'oiseau, qui vivent en eau profonde, sont moins
fréquentes. Les Crabes qui semblent morts, gisant sur le sable,
sont très probablement des coquilles rejetées, car lorsqu'un crabe,
une crevette, etc, change de peau, tout, jusqu'à la couverture de
l'œil, est rejeté. Dans le cas du crabe, où la carapace se soulève du

dos et se referme après l'émergence de l'animal, la coquille rejetée ressemble en tous points à l'animal vivant. Le Crabe le plus fréquemment observé est le petit Crabe vert ou Crabe enragé (*Carcinus mænas*). Nous pouvons aussi observer l'Étrille (*Portunus puber*) avec sa carapace duveteuse et ses pattes aplaties qui lui permettent de se déplacer facilement dans l'eau et, d'après leur mouvement quand elle nage, lui donnent le nom anglais de Velvet Fiddler, le mouvement ressemblant à celui d'une personne jouant du violon.

Il y a également le Pagure commun (*Pagurus bernhardus*) ; le petit Pinnothère, appelé aussi Crabe de l'huître (*Pinnotheres pisum*) qui vit parmi les huîtres et habite leurs coquilles ; mais aussi les diverses Araignées de mer, dont les plus communes sont l'Araignée à quatre dents (*Pisa tetraoden*), le Macropode à rostre, le Coryste, que l'on nomme aussi le Crabe masqué, d'après le grec κορυστής (*choroustès*) qui signifie « combattant armé d'un casque ». Nous connaissons aussi le Crabe épineux qui est muni d'épines sur lesquelles il fixe des morceaux de bois, d'éponge, etc, pour le dissimuler à ses ennemis. Le Crabe dormeur, plus connu sous le nom de Tourteau (*Cancer pagarus*) vit en eau profonde, mais on peut parfois trouver de jeunes spécimens dans des bassins d'eau salée.

Parmi les magnifiques petites Anémones de mer, l'Actinie rouge, que l'on appelle souvent « la tomate de mer » (*Actinia mesembryanthemum*), à la peau lisse et aux « perles » turquoise autour de la bouche, est la plus commune, et la belle Anémone marbrée (*Bunodes crassicornis*), la plus grande. L'anémone solaire que les anglais appelle Daisy Anemone, l'Anémone Marguerite, et les allemands « l'Amante du matelot » (*Cereus pedunculatus*) se reconnaît à ses tentacules gris et blancs annelés, de couleur jaune grisâtre, tandis que la belle Anémone de mer verte connue sous le nom d'Ortie de mer (*Anemonia viridis*), est souvent prise pour une algue par les baigneurs : la partie visible se compose de longs bras souples et mous, de couleur verdâtre avec la pointe plus ou moins visiblement violacée. Au contact de la peau, ces tentacules se révèlent extrêmement collants, et sont urticants sur les peaux fines.

Chapitre IX

Septembre

« A côté de lui, Septembre marchait d'un pas rapide ;
Il était pourtant lourdement chargé par le poids
Des richesses de la moisson, dont il fit sa hotte,
Et il s'enrichissait de la générosité du sol :
Dans sa main, comme on le fait pour le produit de la moisson,
Il tenait une serpe, et dans l'autre main
Une paire de poids, avec lesquels il distribuait les fruits
Plus ou moins, et en cas de doute,
Il donnait à chacun, de manière égale, ce que la justice avait dû-
ment déterminé. »

Spenser

Septembre est le mois des matins et des soirs de rosée, des fruits qui mûrissent et des feuilles qui changent, de la Lune des moissons et de la joie du festival *Harvest Home*, la fête des moissons : la dernière gerbe coupée marquant l'aboutissement et la réussite des travaux aux champs, on pensait que l'esprit du grain avait été « décapité » quand cette dernière gerbe était coupée. On la transformait en poupée de grain que l'on gardait jusqu'à l'année suivante, pour l'enterrer dans un sillon, le fameux lundi du labour (en janvier), marquant ainsi le début de la nouvelle année agricole. Au pays de Galles, on mélangeait les grains de cette gerbe avec ceux destinés à être semés « afin de leur apprendre à pousser ».

Nos ancêtres saxons appelaient septembre *Gerst-monat* (le mois de l'orge) car, selon l'historien Richard Verstegan, « l'orge, qui était communément cultivée à cette époque, était autrefois appelée *gerst*, le nom d'orge, *barley* en anglais, lui ayant été donné à cause de la boisson qu'on en faisait, appelée *beere*, et qui s'est transformé avec le temps en *beerlegh* puis *berlegh* et enfin *barley* », nous laissant tout de même la racine étymologique de cette boisson servie partout en Europe, la bière. Septembre était également connu sous le nom de *Halege* ou *Heilige*, c'est-à-dire le mois sacré, « parce que nos ancêtres, tant qu'ils étaient païens, célébraient en ce mois-ci la fête du diable ».

En Russie, la Saint-Gilles (1er septembre) est considérée comme la fin de l'été, et en Grèce, l'Eglise othodoxe fête le Nouvel An : la culmination de l'année et l'aboutissement de chaque année viennent avec la moisson, et les semailles d'automne étaient considérées comme le début d'un nouveau cycle. Les agriculteurs grecs emportent leurs graines à l'église pour qu'elles soient bénies avant les semailles d'automne et les gens font des guirlandes de verdure et de fruits pour représenter l'abondance pour l'année à venir.

Un petit peu plus tard mais non loin de là, à Rome, lors de l'équinoxe, on dit que la Saint-Mathieu (21 septembre) fait ses adieux à l'été, et que Saint-Maurice (22 septembre) ferme la porte après lui, et à Milan, vous ne verrez plus guère de beaux jours après la Saint-Mathieu. Les proverbes anglais nous disent que « Saint Matthieu apporte le froid, la pluie et la rosée », et nous invitent à ne pas oublier les autres :

« A la Saint-Mathieu
Acquérez de nouveaux chandeliers. »

L'Eglise a consacré l'équinoxe d'automne à la Saint-Matthieu, le saint patron des collecteurs d'impôts et des banquiers, et l'a fixée au 21 septembre. Dans le Midlands d'Angleterre, le jour de la Saint-Matthieu est vu comme le premier des trois jours venteux, appelés aussi « les jours venteux de la moisson de l'orge ». Voici l'un des nombreux dictons anglais traditionnellement associés à ce jour-là :

St. Matthee, shut up the bee ;
Saint-Matheille, enferme l'abeille ;
St. Mattho, take thy hopper and sow ;
Saint-Mathème, prends ta trémie et sème ;
St. Mathy, all the year goes by ;
Saint-Mathé, toute l'année est passée ;
St. Matthie, sends sap into the tree.
Saint-Mathève, envoie dans l'arbre la sève.

Il indique qu'il est temps de refermer les ruches et de procéder aux semailles d'automne.

Les Allemands ont aussi leur propre rime,

« Tel est le jour de Saint-Gilles,

Le mois tout entier le sera-t-il. »

Et une prophétie similaire est liée au 8, le jour de la Nativité de la Sainte Vierge, car « Le temps du jour de la naissance de Marie annoncera celui qu'il fera pendant quatre semaines », tandis que *The Shepherd's Kalendar*, le premier ouvrage poétique majeur d'Edmund Spenser, nous affirme que « Si le jour de la Saint-Michel est beau, le soleil brillera beaucoup en hiver, bien que le vent vif et piquant du nord-est régnera longtemps ». Les Français disent d'ailleurs que « Quand le vent est au nord le jour de la Saint-Michel, Le mois d'Octobre est sec, » et que

« Pluie de Saint Michel

Soit devant ou derrière elle ne demeure au ciel. »

La phase de la Lune le jour de la Saint-Michel détermine, dit-on, le nombre de crues qui suivront, le nombre de jours où la lune est pleine lors de cette fête correspond donc aux crues qui suivront.

« Maintenant, les oiseaux de passage attendent leurs vents,

Et font un dernier adieu à chaque bosquet. »

Le Merle à plastron est aperçu avant son départ pour l'Afrique, les dernières Hirondelles disparaîtront au début du mois d'octobre. Parmi celles qui sont encore là, beaucoup se dirigent vers le sud et, en prenant la place de celles qui sont déjà parties, semblent maintenir leur effectif pendant un certain temps. Le Merle noir et la Grive se font à nouveau entendre, la Chouette rayée hulule, l'Epervier appelle, tandis que

« à travers les chaumes de blé
on entend de fréquents coups de feu »
alors que les Perdrix effrayées s'envolent à toute vitesse.

Le Merle à plastron (*Turdus torquatus*) appartient à la famille des Turdidae comme les Grives, et il ressemble à un grand Merle avec une large bande blanche sur le devant de la gorge, le plumage est brun noirâtre, les ailes sont brunes avec des bordures blanchâtres. La Chouette des bois ou Chouette hulotte (*Strix aluco*), est commune et répandue sur toute l'Europe. Ses repaires préférés sont les troncs creux des chênes et des hêtres, mais on la trouve également dans les tours et les bâtiments en ruine et son cri clair retentit matin et soir.

Tous nos gibiers à plumes – Faisans, Bécasses, Bécassines, Perdrix et Gélinottes – ont un plumage brun tacheté, très difficile à distinguer de leur environnement. Le long bec de la Bécasse et de la Bécassine est extrêmement sensible et s'enfonce dans le sol mou à la recherche de larves, de vers, etc. On sait qu'une Bécassine apprivoisée mange près de deux fois son propre poids en vers en seulement douze heures de temps. Trois espèces de bécassines visitent la France et ses pays voisins, ainsi que la Grande-Bretagne : la Bécassine des marais (*Scolopax gallinago*), la Bécassine sourde (*Scolopax gallinula*) et la Bécassine double (*Scolopax major*). La première est abondante dans les marais et les landes, elle migre en automne et revient se reproduire au printemps, tandis que celles que l'on trouve en Angleterre pendant les mois d'hiver sont des visiteurs venus de Scandinavie. La Bécassine sourde, un visiteur hivernal commun, est plus petite que les autres, ne mesurant que

20 cm, alors que la Bécassine des marais mesure plus de 25 cm, et la Bécassine double 3 cm de plus. Ces oiseaux migrent la nuit, lorsqu'ils se nourrissent principalement, et volent rarement le jour, à moins d'être dérangés. Elles se lèvent alors brusquement et s'envolent avec une grande rapidité et un curieux vol en zigzag qui en fait une cible difficile pour les chasseurs. La Bécasse des bois (*Seolopaxrusticola*) se lève avec un « ronronnement » des ailes plus fort que sa voisine, elle vole moins rapidement et s'élance moins, mais comme elle, c'est un animal plutôt nocturne, et tandis que la Bécassine habite les terrains marécageux ouverts, la Bécasse des bois, comme son nom l'indique, préfère les bois et les plantations. Le drainage des tourbières entraîne une baisse de la population des Bécassines, d'où l'importance de leur protection, dont elles font l'objet ces dernières années.

De même, la Perdrix, qui se nourrit à la fois d'insectes et de céréales, a vu son nombre augmenter avec l'extension des cultures, et est maintenant le plus commun des gibiers à plumes. D'un point de vue gastronomique, il a été dit que

« Si la bécasse avait les ailes de la perdrix
Ce serait le plus bel oiseau qui ait jamais chanté.
Si la perdrix avait la cuisse de la bécasse
Ce serait le meilleur oiseau qui ait jamais volé. »

La Perdrix commune ou grise (*Perdix cinerea*) est présente en Europe, en Asie occidentale et centrale, ainsi qu'en Afrique. Comme la plupart des gibiers à plumes, son nid n'est guère plus qu'un creux dans le sol, et contient entre douze et vingt œufs, les poussins pouvant s'enfuir dès leur éclosion. La Perdrix rouge (*Perdix ou Caccabus rufa*) est originaire du sud-ouest de l'Europe et aurait été introduite pour la première fois en Angleterre sous le règne de Charles II. Selon Carlyle, la Révolution française de 1789 (avec son abolition des lois sur le gibier) a provoqué « l'émigration des seigneurs français, et l'émigration du gibier français ». La Perdrix rouge, que les Anglais nomment la Perdrix française, habite les terres argileuses lourdes et les landes, elle est plus robuste et plus grande que ses homologues, qu'elle a largement supplanté dans le Norfolk et le Suffolk, et à qui elle a enseigné l'art de courir, bien que d'autres affirment que ce développement, plutôt récent, serait le résultat de l'introduction de la moissonneuse et du semoir. A l'époque des chaumes désordonnées et des navets à croissance ir-régulière, la course était impossible et la Perdrix attendait que son ennemi s'approche avant de prendre son envol, maintenant elle peut courir le long des sillons en suivant les conseils supposés de l'oiseau français.

« Ah non! camarade sportif, mon frère de la chasse,

Si vous voulez bien me suivre, je vais vous faire part de certaines choses.

Qui vous prouveront combien la Perdrix est ; comment dites-vous ?

Celle qui fuit le chasseur loin sur ses ailes.

C'est tellement plus grisant de courir au milieu des cultures,

Course du plus costaud sur ses jambes ! A présent je vais vous ex-pliquer pourquoi,

Les Français disent toujours 'Je tire quand elle s'arrête'.

Alors que les Anglais disent toujours, 'Je tire quand elle s'envole', »

Preuve que la course, du point de vue de la Perdrix rouge, déconcerte les chasseurs des deux côtés de la Manche.

Le Faisan de Colchide (*Phasianus colchicus*) et la Gélinotte sont étroitement liés à la Perdrix, le premier étant appelé du nom scientifique du genre, Phasianus, lui-même dérivé de la rivière Phasis, en Colchide, des rives de laquelle l'oiseau a été introduit en Europe dans les temps anciens, selon les Argonautes. La date de sa naturalisation en Grande-Bretagne est inconnue, mais en 1199, le roi Jean accorda une permission à un certain William Brewer, « pour chasser le lièvre, le renard, le chat et le loup dans tout le Devonshire, et pour chasser librement le lièvre, le faisan et la perdrix sur toutes ses terres ».

Parmi les Tétras, nous avons le Grand Tétras, ou Grand coq de bruyère (*Tetrao urogallus*), le Tétras lyre (*Tetrao tertix*), le Lagopède alpin (*Lagopus mutus*) avec son plumage gris et blanc, et le Lagopède d'Écosse (*Lagopus hyperhoreus*) au plumage plus roux. Les trois premiers sont originaires d'Écosse, le dernier est propre aux îles britanniques et ne se trouve qu'en Écosse, dans le nord de l'Angleterre, au Pays de Galles et en Irlande, il est supposé être une forme insulaire du Lagopède des saules que l'on observe sur le continent. La couleur du Lagopède d'Écosse varie du noir – la forme la moins commune – au marron roux en passant par un plumage tacheté de blanc ; il est probable que, comme ses alliés continentaux et d'autres espèces du même genre, il ait originellement adopté le blanc pour l'hiver, mais qu'il ait abandonné cette habitude qui n'était plus nécessaire pour le protéger.

Une deuxième couvée du papillon la Piéride de la moutarde apparaît ce mois-ci, et les papillons de nuit *Orgyia antiqua*, ou l'Étoilée, ainsi que le Double oméga, ou Diloba à tête bleue, sortent de leurs cocons. Le petit papillon brun l'Étoilée (*Orgyia antiqua*) est largement répandu et aime voler au soleil ; la femelle est étrangement dépourvue d'ailes et est de couleur plus pâle, mais elle ne s'éloigne jamais de sa chrysalide, sur laquelle elle dépose habituellement ses œufs, qui éclosent l'été suivant. Le Double oméga (*Diloba cæruleocephala*) est également commun, mais il vole la nuit ; il peut être facilement identifié par les deux 8 dessinés sur chaque aile. On peut maintenant trouver les larves des papillons de nuit suivants : l'*Euproctis similis* ou Cul-doré, la Ratissée, l'*Acronicta tridens* ou Poignard sombre, l'*Angerona prunaria* et sa belle couleur rousse, la Noctuelle de la Patience et la Noctuelle porphyre sur leurs plantes nourricières respectives.

Une caractéristique remarquable de la vie des insectes ce mois-ci est l'abondance de toiles tissées par les jeunes araignées qui se lancent ainsi littéralement dans le monde. En grimpant sur une élévation − un brin d'herbe ou une motte de terre − près de leur lieu de naissance, les petites créatures produisent quelques courts fils qu'elles fixent fermement, puis, en les saisissant, elles tirent un long fil fin, qui, soufflant de-ci de-là et s'emmêlant avec le reste, forme un radeau qui, soulevé par le vent, est transporté vers un endroit frais, où la petite fileuse passera l'hiver. Après un matin de rosée, ces minuscules fils, parés de gouttes nacrées, sont visibles sur l'herbe et les buissons ; en Allemagne, on les appelle « *Sommer fäden* », les fils d'été.

L'Euphraise, le Séneçon jacobée, la Camomille, le Chrysanthème des moissons ou Marguerite dorée, l'Anthémis fétide, l'Achillée millefeuille, la Linaria, le Polygonum, la Renouée faux liseron (*Polygonum convolvulus*), la Pensée sauvage, la Centaurée, la Fumeterre officinale, les Chardons, la Centaurée noire, la Campanule à feuilles rondes et le Compagnon rouge ou Silène dioïque, égayent encore les champs et les haies, mais notre liste de fleurs se réduit de plus en plus, seuls l'Adonis, le Crocus, le Safran, la Colchique d'automne, l'Aster et l'Arbousier peuvent être considérés comme des fleurs de septembre.

L'Adonis d'automne (*Adonis autumnalis*) n'est pas indigène, mais a probablement été introduite parmi les céréales ; Gerarde dit d'ailleurs à son sujet que : « La fleur rouge de l'Adonis pousse à l'état sauvage dans les régions occidentales de l'Angleterre, au sein de leur plantations comme le fait le Cannabis ; j'en ai apporté les graines, et je les ai semées dans mon jardin pour la beauté de la fleur ». Le botaniste écossais Philip Miller, dans *The Gardeners' Dictionary*, nous apprend qu'un grand nombre de ces fleurs étaient apportées chaque année à Londres et vendues sous le nom de *Red Morocco*. Elle reçu ensuite son nom d'Adonis de la légende de l'amant d'Aphrodite qui porte ce même nom : lorsque le malheureux jeune homme fut tué par un sanglier, cette fleur, qui poussait à l'endroit où il tomba, fut cramoisie par son sang. C'est ainsi qu'en France, elle est connue sous le nom de « Goutte de Sang ».

Le Crocus à fleurs nues ou Crocus d'automne (*Crocus nudiflorus*) et le Crocus à safran (*Crocus sativa*) produisent leurs fleurs en automne et leurs feuilles au printemps suivant ; le premier se trouve principalement dans les prairies et les pâturages, et le second est intéressant car il fournit le safran préparé à partir de ses stigmates séchés, si apprécié autrefois, et toujours employé dans la cuisine et en médecine. Saffron Walden, qui est situé en Angleterre, dans l'Essex, tire son nom de cette fleur, qui y était largement cultivée, après avoir été introduite, dit-on, de l'Est, en 1339. Elle a été employée comme teinture par diverses nations, dont les Grecs anciens, qui l'utilisaient surtout pour les vêtements des personnalités royales, tout comme le faisaient les Irlandais.

Selon Giraldus Cambrensis (juriste et historien ecclésiastique gallois, fin lettré latin du 12e siècle et compagnon du roi Henri II Plantagenêt), le safran avec du lait constituait la nourriture du pays des fées. On en trouve une autre référence dans la tragico-médie de William Shakespeare, le Conte d'Hiver, car le personnage du berger « doit utiliser du safran pour colorer les gâteaux » (Acte IV, sc. 2). Le sachet de safran était aussi très apprécié pour son effet sur la gaieté, si bien que chez les anciens, on disait, lorsqu'un homme était joyeux, qu'il avait dormi sur un sachet de safran.

Le Colchique d'automne (*Colchicum autumnale*), bien que ressemblant beaucoup aux espèces précédentes, est, comme ses six étamines l'indiquent, un membre de la famille des Liliacées. Il est remarquable pour la protection de ses graines ; comme le Crocus à fleurs nues et le Crocus safrané, les fleurs apparaissent en automne et les feuilles au printemps, le réservoir de graines se trouve à la base du long tube du périanthe, à une profondeur de près de 15 à 20 cm sous terre, où il reste pendant l'hiver à l'abri du gel. Puis, avec le retour du printemps, il est porté en hauteur par une tige ascendante, et les graines qui mûrissent vers le milieu de l'été, se dispersent de la manière habituelle. Certaines années, le Colchique d'automne se multiplie énormément dans certaines prairies naturelles humides. On suppose que cela est provoqué par des hivers plus doux et l'extensification des prairies. La teneur en colchicine de ces plantes peut provoquer des intoxications du bétail, on l'appelle d'ailleurs « tue-chien » ce qui nous averti de sa toxicité.

L'autrice-compositrice et écrivaine française, Francine Cockenpot a écrit une chanson en son honneur, apprise par de nombreux petits enfants, elle est désormais célèbre dans tout le monde francophone.

« La feuille d'automne emportée par le vent
En rondes monotones tombe en tourbillonnant
Colchiques dans les prés fleurissent, fleurissent
Colchiques dans les prés, c'est la fin de l'été. »

A présent,
« La Marguerite de la Saint-Michel parmi les mauvaises herbes mortes
Fleurit pour les actes valeureux de Saint-Michel . »

On trouve toujours cette Marguerite de la Saint-Michel, aussi nommée Aster amelle, près de la mer et elle est également très commune dans les marais salants, d'où son autre nom de l'Etoilée. La dernière de nos fleurs de septembre, la fleur de l'*Arbustus* ou Arbousier, est un genre de plantes à fleurs de la famille des *Ericaceae*, originaire des régions tempérées chaudes de la Méditerranée, de l'Europe occidentale et de l'Amérique du Nord.. Les fruits formés une année mûrissent l'année suivante, de sorte que ses clochettes cireuses d'un blanc verdâtre et ses boules écarlates s'accrochent ensemble. Et maintenant,

« Laisse tomber le gland mûr dans les fougères
La pomme tendre dans l'herbe,
Les joues gitanes de la nature brûlent
Lorsque les doigts de l'automne les effleurent,
Il enjambe la lande pourpre,
Des bleuets entourant sa tête rougie par le soleil,
Libère l'aveline brune de sa gaine,
En foulant le sol de la forêt. »

Automn, Songs of the People, Alan Brodrick

Et non seulement les Glands et les Avelines, ou Noisettes, mais également les fruits du Noyer, du Châtaignier, de l'If et du Houx sont en train de mûrir rapidement, le fruit carmin du Sorbier ressemble quelque peu aux grappes teintées de cramoisi portées par la Viorne obier, autrefois aussi appelée Bois à quenouille, la Ronce est chargée de baies noires et violettes, le Houblon est prêt à être cueilli, les Cynorrhodons et les baies écarlates de la Bryonia égayent nos haies, avec le rouge plus foncé de l'Aubépine, le fruit noire violacé du Prunelier, et les grappes sombres du Sureau. Au bord de la route, à ras du sol, brillent les baies toxiques mais magnifiques de l'Arum tacheté ; le fruit noir et solitaire de la Belladone (*Atropa Belladonna*) est mûr, et sur les landes et les montagnes, nous trouvons des Airelles, des Myrtilles et des Genévriers, dont le fruit met deux ans à mûrir. Les Fougères laissent échapper leurs spores, et les Champignons de formes et de couleurs variées abondent dans nos bois et sur les espaces ouverts.

Cantharellus cibarius

Helix pomatia

Le règne des Fungi, dans le monde anglophone, est bien divisé grâce au langage-même, qui distingue les *Mushrooms* : les champignons comestibles et savoureux, et les *Toadstools* : ceux qui sont vénéneux et toxiques ou tout simplement non comestibles. D'un point de vue scientifique, il n'y a pas de différence entre un *Toadstool* et un *Mushroom*. Il n'existe aucun moyen scientifiquement accepté de les distinguer, et les uns ne représentent pas un groupe distinct des autres.

Ce n'est pas comme la différence entre un crapaud et une grenouille, ou un chat et un chien, qui sont des catégories taxonomiques distinctes d'animaux. Comme beaucoup de mots anglais, l'origine exacte du terme *Toadstool* est difficile à cerner, et la langue est en constante évolution. Mais on pense que les gens ont commencé à utiliser le terme entre 1400 et 1600 après J.C. À peu près à la même époque, le mot *Mushroom* était également en pleine mutation. Les gens se référaient aux champignons comestibles avec divers mots comme *mushrom, mushrum, mousheroms, mussherons, musserouns et muscherons*. Le mot *toadstool* est très probablement une référence aux contes de fées et aux contes folkloriques qui parlent de crapauds, *toad* en anglais, qui s'asseyaient sur des champignons. Dans les temps anciens, les gens pensaient que les crapauds étaient porteurs de maladies. Alors tout naturellement, les champignons sur lesquels ils s'asseyaient devenaient toxiques. C'est sûrement une manière pour les gens d'expliquer le caractère apparemment aléatoire de la comestibilité ou de la toxicité de certains champignons, à une époque antérieure à l'existence de la science telle que nous la connaissons aujourd'hui.

Il existe plusieurs milliers de variétés de champignons, mais la plupart peuvent être divisés en deux classes, les Agarics et les Bolets ; les premiers, dont fait partie le fameux Champignon de Paris, ont des plaques ou des branchies sur la face inférieure du chapeau. Les Bolets n'ont pas de branchies, mais une surface plane en dessous ponctuée d'innombrables trous comme des piqûres d'épingle ; ce sont les ouvertures de fins tubes serrés les uns contre les autres, qui contiennent les spores, qui, chez les Agarics, sont portées par les branchies. En plus de ces deux groupes principaux, nous avons la familles des Basidiomycètes avec les délicieuses Girolles et les Pieds-de-mouton à la couleur saumonée, les Vesses-de-loup qui éclatent en « fumée" lorsqu'on marche dessus, ceux du genre Clavaria qui ressemblent à de petites anémones de mer colorées, ceux du genre Peziza qui forment de jolies coupes de fées ou d'elfes, que l'on trouve sur le bois en décomposition ou les crottins, et bien d'autres encore.

Beaucoup de Bolets sont comestibles et l'un d'entre eux, le Cèpe de Bordeaux (*Boletus edulis*) est très consommé, vendu frais, en bocaux ou séché. La famille des Bolétacées est très vaste, notamment le genre Boletus qui compte, outre les 4 espèces de bolets « nobles » (les cèpes), beaucoup de bolets tout à fait appréciables en cuisine. Si les cèpes sont réputés comme les plus raffinés, il n'en demeure pas moins que les bolets sont souvent très recherchés pour leur goût et leur texture si subtiles. Parmi les plus connus des bolets, citons les plus savoureux : le Bolet bai (*Xerocomus badius*), le Bolet orangé (*Leccinum aurantiacum*), le Bolet appendiculé (*Boletus appendiculatus*), le Bolet à pied rouge (*Boletus erythropus*) – le Bolet de Quélet (*Boletus queletii*), le Bolet orangé des chênes (*Leccinum quercinum*). Par contre, un autre genre, *Rubroboletus*, regroupe les gros Bolets à pores rouges, orangés et jaunes. Tous sont toxiques, à commencer par le bien connu Bolet de satan, (*Rubroboletus satanas*).

Depuis toujours, on associe le bleuissement des Bolets à leur toxicité, pourtant il n'en est rien, et de nombreux Bolets bleuissants méritent d'être redécouverts et consommés. Inversement certains Bolets à chair immuable sont immangeables, indigestes ou toxiques selon les quantités et les sensibilités individuelles.

En ce qui concerne la Girolle ou Chanterelle commune, (*Cantharellus cibarius*), que l'on trouve dans les bois, un vieil écrivain nommé Battarra, a dit qu'une préparation adéquate pouvait arrêter les douleurs de la mort (peut être parce qu'elle a des propriétés qui facilitent le transit intestinal), alors que la Fausse Chanterelle (*Cantharellus aurantiacus*), qui pousse en plein air, n'est pas comestible.

Le groupe des champignons Lactaires possèdent des canaux laticifères à l'origine du latex ou lait des *Lactarius*, et parmi eux, il y a plusieurs espèces comestibles, dont le Lactaire douceâtre (*Lactarius subdulcis*) et le Lactaire délicieux (*Lactarius deliciosus*), qui est le meilleur culinairement parlant. Il pousse sous les sapins, et son jus orange devient vert lorsque la plante est cassée ou coupée. Le Lactaire roux (*Lactarius rufus*) a une coupe rouge-brun, et le Lactaire muqueux (*Lactarius blennius*) une coupe glutineuse d'un vert terne ; mais aucun des deux n'est bon en cuisine. L'Amanite tue-mouches (*Amanita muscaria*), un champignon vénéneux qui pousse dans les bois, est d'une beauté singulière avec son chapeau écarlate parsemé d'amas pâles et ses branchies ivoires. Il contient un jus narcotique puissant très utilisé dans la fabrication de papier tue-mouches, d'où son nom. Le Satyre puant ou Phallus impudique (*Phallus impudicus*) pousse également dans les bois et on le reconnaît à son odeur fétide et sa forme évocatrice. À ses premiers stades, il ressemble à un œuf blanc et mou ; puis la « coquille » se brise et une tige spongieuse, portant une sorte de casque recouvert d'une masse gluante vert foncé contenant des spores, pousse si rapidement qu'en deux ou trois heures, elle mesure 12 à 15 cm de long. L'ensemble du champignon, et en particulier la matière visqueuse, dégage une odeur horrible, très attirante pour les mouches, en particulier les Mouches bleues de la viande, qui dévorent avidement la substance, disséminant ainsi les spores. Le

Phallus de chien (*Mutinus caninus*) est similaire mais plus petit, et n'a pas de chapeau, le mucus collant couvrant simplement le sommet de la tige, son odeur est faible et moins désagréable.

L'Hébélome radicant (*Agaricus radicatus*) possède une tige torsadée polie qui se termine sous terre en une pointe effilée. Le Psilocybe lancéolé, ou Psilocybe Fer de lance, pousse dans les champs et les espaces ouverts, sa couleur est brun pâle ou couleur chair, et lorsque le chapeau se développe, il se fend fréquemment sur le bord. En apparence, il ressemble au Marasme des Oréades, ou Faux Mousseron avec sa tige fine (*Marasmius oreades*) celui que nous appelons Champignon des fées ou Bouton de guêtres et qui régale nos papilles en omelettes ou en tartes.

La plupart des champignons se nourrissent de matières végétales mortes et en décomposition, mais certains attaquent les plantes vivantes, généralement par le biais d'une blessure, comme lorsqu'une branche d'un arbre est cassée. L'Armillaire couleur de miel (*Agaricus melleus*) est l'un d'entre eux, et constitue une cause importante de maladie du bois ; il se développe en groupes à la base des arbres ou des souches, ses fibrilles pénétrant dans le bois et absorbant la nourriture de son hôte. Une espèce encore plus commune est l'Hypholome en touffe (*Agaricus fasicularis*) avec des capuchons de couleur soufre et des branchies d'un gris verdâtre avec des spores brun-violet. La Mucidule visqueuse (*Oudemansiella mucida*) est généralement de couleur blanc ivoire, presque translucide, elle est comestible et on en extrait un antibiotique : la mucidine. Sans être toxique, de saveur douce, elle n'a toutefois aucun intérêt culinaire. ; on la trouve en touffes ou en petits groupes sur les troncs de hêtres vivants ou morts. La Fistuline hépatique, aussi couramment nommée la Langue de bœuf (*Fistulina hepatica*) est également comestible à condition de la consommer jeune ; les spécimens âgés devenant coriaces et ligneux. Parmi les diverses espèces du groupe des champignons en forme d'huîtres, Mordecai Cubitt Cooke, dans son ouvrage spécialisé sur les champignons, recommande la Pleurote de l'orme (*Agaricus ulmarius*) comme étant le meilleur champignon à vocation culinaire.

La Coulemelle appartient à la famille des Lépiotacées, et elle change de nom selon les régions, les patois et les traditions : Filleul dans le Périgord et le Limousin, Saint Michel dans la Loire et le Forez, Couamelle dans le Berry, Nez de chat à cause du mamelon brunâtre qui est sur le dessus du chapeau, parasol, lépiote élevée, baguette de tambour ou bonhomme lorsqu'elle n'est pas encore ouverte... Il s'agit d'un champignon très commun et très populaire en France. La plupart de ces champignons parasols apparaissent à la fin de l'été ou au début de l'automne, de même que diverses Russules (dont font partie les Lactaires abordés plus tôt) très communs dans les sous-bois, ainsi que les Amanites. Les Pieds-de-mouton sont appelés *Hedgehog Mushrooms* en anglais, les Champignons Hérisson, en raison des épines que l'on trouve sous le chapeau, épines qui remplacent les branchies des Agarics et les tubes des Bolets.

La Vesse-de-loup géante (*Lycoperdon giganteum*) était autrefois séchée et utilisée pour panser les blessures. On la brûlait également pour endormir les abeilles avant de récolter leur miel, et on dit qu'elle était utilisée comme amadou à l'époque du silex et de l'acier. Gerarde nous dit que « dans diverses parties de l'Angleterre, où les gens habitent loin de leurs voisins, ils les transportent enflammées comme des torches, ce qui dure longtemps ».
« Les vieilles Vesse-de-loup nous aideront à tromper

Les délicates abeilles de leur mets succulent ;
Tandis que d'autres se tourneront vers nous pour nous éclairer
Et effrayer de notre vallon la morne nuit. »
extrait de *British Edible Fungi, How to Distinguish and How to Cook Them,* de Mordecai Cubitt Cooke.

Lorsqu'elle est jeune et comestible, la Vesse-de-loup géante est blanche à l'intérieur et à l'extérieur, mais au fur et à mesure que la saison avance, l'intérieur devient jaune et finalement olive − c'est une masse de fils mélangés à de minuscules spores − et une ouverture apparaît au sommet par laquelle ces derniers s'échappent en un nuage de poussière lorsque la balle est comprimée. Cette espèce atteint parfois 30 cm de diamètre, et l'une d'entre elles, mentionnée dans *The Gardeners' Chronicle* du 20 septembre 1884, mesurait 1,65 m de circonférence.

Le Scléroderme vulgaire (*Scleroderma vulgare*) ressemble à une boule de terre, mais son intérieur est gris bleuté et aucun orifice ne se forme au sommet ; les spores sont libérées par la décomposition de la couche externe. L'Etoile de terre (*Geaster seriscus*) est un champignon à l'étrange allure, entre fleur et étoile. Aussi nommée Géastre à trois couches, elle protège ses spores dans une sphère entourée d'enveloppes et c'est une espèce apparentée au Scléroderme ; chez elle, il y a deux couches dont l'intérieure renferme les spores et l'extérieure se divise en sept ou huit segments, qui se retournent vers l'arrière et forment les pointes de l'étoile. Parmi les différentes espèces de Clavaria, connues, en anglais, sous le nom de *Fairy Club Fungi*, Champignons du club des fées, et que l'on trouve ce mois-ci, plusieurs poussent parmi les feuilles mortes, mais la majorité parmi l'herbe des pelouses ou des parcs. À l'exception de la Clavaire en pilon (*Clavaria pistillaris*) qui peut atteindre une quinzaine de centimètres de long, ces champignons sont de petite taille, généralement 5 ou 6 cm de long et pas plus épais qu'une aiguille à tricoter. Lun des plus communs est la Clavaire fastigiata (*Clavaria fastigiata*) jaune d'or, la Clavaire de Zollinger (*Clavaria amethystina*) d'une belle couleur violette, et la Clavaire chou-fleur (*Clavaria botrytes*), avec sa tige épaisse se divisant vers le haut en de nombreuses branches rouges rouille, ressemble un peu à un chou-fleur.

Helix pomatia

Boletus edulis

Chapitre X

Octobre

« Puis vint Octobre plein de joyeuse allégresse ;
Car son visage était couvert du moût,
Qu'il foulait dans les cuves à vin,
Et de cette joyeuse boisson, dont le souffle léger
Le rendait si folâtre et si plein de convoitise :
Il chevauchait un Scorpion redoutable,
Celui-là même qui, par le sort injuste de Diane
Tua le grand Orion, et à ses côtés,
Il avait son soc et sa charrue prêts à l'emploi. »

Spenser

Alors qu'en France les révolutionnaires avaient choisi de mettre l'accent sur les « brouillards et les brumes basses qui sont la transsudation de la nature d'octobre jusqu'en novembre », avec le nom poétique de Brumaire ; outre Manche, l'accent était plutôt mis sur le vin, car l'ancien nom anglo-saxon de ce mois était *Wyn Monat*. Un autre nom, mentionné par le Vénérable Bède (moine lettré du 7e siècle, surnommé le Père de l'histoire anglaise), est *Winterfylleth*. Selon ses chroniques, il y avait deux saisons dans l'Angleterre anglo-saxonne. L'été comprenait les six mois durant lesquels les jours sont plus longs que les nuits, et l'hiver comprenait les autres, commençant à la pleine lune d'octobre durant ce mois de *Winterfylleth* (les Anglo-saxons suivaient un calendrier lunaire). Nous ne savons pas vraiment comment ils célébraient ce changement de saison, mais il est probable qu'ils aient eu trois festivals publics d'hiver à la manière des Scandinaves, au début de l'hiver, au solstice puis au début du printemps.

James Henry Leigh Hunt, écrivain, poète, critique littéraire et essayiste britannique du 19e siècle, écrivit ceci au sujet de notre grand poème d'introduction : « Spenser, en faisant défiler ses mois devant la grande nature, s'est inspiré du monde et de ses coutumes en général pour les décrire ; mais transformez ses cuves à vin d'octobre en presses à cidre et en cuves de brassage, et cela fera aussi bien l'affaire », car « ce mois, en raison de sa température constante, est notamment choisi pour le brassage de la liqueur de malt destinée à être conservée ». Un vieil adage nous dit d'ailleurs :

« Faîtes sécher votre orge en octobre
ou vous serez toujours sobre, »
puisque sans cela il n'y aura pas de malt pour faire de la bière. Processus qui, à l'époque, n'était pas limité à un métier en particulier, puisque toute bonne ménagère brassait de la bière pour la famille, et la salle de brassage était une partie intégrante de la maison.

En France, il est dit dans certaines régions que « gelée d'octobre rend le vigneron sobre,» mais que de toutes manières « quand octobre prend sa fin, dans la cuve est le raisin. » Dans d'autres régions, comme en Normandie, « Octobre n'est jamais passé sans qu'il y ait cidre brassé ».
Les températures ont déjà chuté avec l'arrivée de l'automne, et
« En octobre, il faut que l'homme vite s'habille quand le mûrier se déshabille. »
De plus,
« En octobre, qui n'a pas de manteau doit en trouver un bientôt. »

Les dictons du mois prédisent aussi la météo de la saison à venir :
« Brumes d'octobre et pluvieux novembre font ensemble un bon décembre. »
mais,
« Octobre ensoleillé, décembre emmitouflé. »
Ils sont également là pour rappeler les travaux des champs car
« octobre le vaillant surmène le paysan »,
mais,
« Octobre à moitié pluvieux rend le labour joyeux, »

et

"en octobre, qui ne fume rien ne récolte rien, »
et d'ailleurs
« semé à la Saint François,
ton grain aura du poids. »

Les teintes dominantes d'octobre sont merveilleusement belles, le mélange de rouge, d'or et de brun produisant l'aspect fauve décrit par Richard Jefferies (connu pour sa représentation de la vie rurale anglaise et ses livres d'histoire naturelle) : « Le fauve est indistinct, il hante le soleil et ne peut être fixé, pas plus que vous ne pouvez dire où il commence et où il finit dans le teint d'une brune, … Les duvets blancs, qui restent sur les chardons éclatés parce qu'il n'y a pas de vent pour l'emporter, le reflètent ; le blanc est repoussé par la couleur qu'apportent les rayons du soleil tacheté. Le chaume jaune pâle des meules de blé devient un jaune plus profond ; les larges toits de vieilles tuiles rouges se réchauffent. Comment peut-on appeler cela autrement que du fauve ? – la terre brûlée par le soleil une fois de plus au moment de la récolte. Brunie et brûlée par le soleil – car elle s'assombrit de bruns … Ici et là, une fine couche de feuilles brunes craque sous le pied. L'écorce écaillée de la partie inférieure des troncs d'arbres est brune. Les tiges sèches des rameaux, les branches tombées, les ombres mêmes, ne sont pas noires, mais brunes. Les baies rouges des rosiers sauvages, de l'Eglantier, de l'Aubépine et de la Bryone donnent l'impression d'une teinte fauve, plutôt que de leur existence réelle. » « Tout ce qui est brun, et jaune, et rouge, nous dit-il, est mis en valeur par le soleil d'automne, les sillons bruns fraîchement tracés là où le chaume était hier, l'écorce brune des arbres, les feuilles brunes tombées, les tiges brunes des plantes, les cenelles rouges de l'Aubépine, les mûres rouges non mûres, les baies rouges de la Bryone, les champignons jaune rougeâtre, l'Epervière jaune, le Séneçon jaune, les feuilles jaunes du Noisetier, les Ormes, les taches sur le Tilleul ou le Hêtre ; pas une touche de jaune, de rouge ou de brun que le soleil jaune ne découvre pas. Et tout cela compose l'automne, avec le croassement des corbeaux, l'appel automnal particulier de la paresse et d'une alimentation plus riche, le ciel bleu comme celui de mars entre les grandes masses de nuages secs qui flottent au-dessus, la brume dans les vallées lointaines, le tintement des traçoirs quand la charrue tourne, et le silence des oiseaux des bois. »

Lutra lutra

Les jeunes Loutres choisissent maintenant leurs sites d'alimentation hivernale, et l'Écureuil est occupé à faire une réserve de noix et de glands, enterrant son petit butin à divers endroits pour de futures visites lors des jours ensoleillés de l'hiver. La Grive mauvis, la Grive litorne, la Bécasse et la Bécassine arrivent ; les Pinsons des arbres, les Grives draines et d'autres oiseaux se rassemblent en bandes pour se nourrir plus facilement, les Étourneaux et les Canards colvert revêtent leur plus beau plumage et les Oies sauvages rejoignent leurs quartiers d'hiver.

La Grive mauvis (*Turdus Iliacus*), comme la Bécasse et la Bécassine, se déplace la nuit et on peut souvent l'entendre crier avec ses congénères lorsque la bande passe au-dessus d'une ville. C'est l'une des chanteuses les plus douces d'Europe du Nord, elle niche sur le continent, variant de site selon la nature de son environnement, choisissant parfois un arbre ou un buisson bas, alors qu'à d'autres moments le nid est placé sur le sol. La Grive litorne (*Turdus pilaris*), est la plus répandue des grives nordiques ; elle vit en colonies et construit son nid d'herbes longues et sèches, avec une couche de boue entre les couches internes et externes. On estime que « des myriades de Grives litornes traversent chaque année » la mer du Nord « pour passer l'hiver dans les îles britanniques et en Europe centrale ; et un jour, un vagabond solitaire a même atterri assez loin à l'ouest de l'Islande. »

Le Canard colvert (*Anas platyrhynchos*) habite tout l'hémisphère nord et est l'ancêtre de nos oiseaux domestiques ; il vole habituellement en groupes de trois à dix, et plus tard en couples ; le Canard chipeau (*Anas strepera*), plus petit, est également une espèce indigène, les deux sont apparentés au Tadorne de Belon, avec ses jolies couleurs marquées. Le Canard souchet (*Spatula clypeata*), comme le Canard chipeau, est un visiteur hivernal, qui arrive généralement en septembre et nous quitte en avril ou en mai ; son bec est plus large et plus disgracieux que celui du Canard colvert. Le Fuligule milouin (*Fuligula ferina*) arrive en octobre, et reste généralement sur la côte, revenant en mars ou avril, bien que certains restent et se reproduisent sur place ; les autres espèces visiteuses sont le Petit Fuligule et le Fuligule morillon. La Macreuse noire (*Melanitta nigra*) et la Macreuse brune (*Melanitta fusca*) sont également des visiteuses hivernales.

L'Oie est un membre de la famille des Canards, et nous comptons six espèces communes, l'Oie cendrée (*Anser anser*) la plus connue, et probablement l'ancêtre de nos oiseaux domestiques, l'Oie rieuse (*Anser albifrons*), l'Oie des moissons (*Anser segetum*), que les Anglais nomment l'Oie des haricots en raison de sa nourriture préférée, l'Oie à bec court avec ses pattes roses (*Anser brachyrhynchus*), la Bernache cravant (*Bernicla brenta*) et la Bernache nonnette (*Bernicla lencopsis*). Toutes ces espèces, hormis la première, nous rendent visite uniquement l'hiver.

La reproduction de la Bernache nonnette a lieu au mois de mai, dans un nid souvent placé sur une falaise rocheuse. Cet habitat force ses petits à se jeter dans d'impressionnants sauts dans le vide sans même avoir maîtrisé le vol. Parfois elle niche près du Faucon gerfaut qui éloigne les prédateurs terrestres. Le départ en migration a lieu dès le mois de septembre. L'espèce est très grégaire et se rencontre en grandes troupes sur les aires d'hivernage. Selon une légende, avant d'être un oiseau, la Bernache naissait des coquilles de moules accrochées aux navires.
« Ainsi, les planches pourries des navires brisés se transforment en bernaches…

C'était d'abord un arbre vert, puis une coque brisée,
Plus tard un champignon, maintenant une mouette volante. »

Selon un autre point de vue, l'oiseau était le fruit d'un arbre poussant sur le rivage de la mer, ou bien se développait à partir de ce fruit, d'où son surnom de Bernache arboricole. La signification de Bernache est inconnue, mais le *Century Dictionary* suggère que la forme la plus ancienne du mot en moyen-anglais, *bernekkle*, « pourrait signifier simplement 'cou nu', avec une allusion possible aux grandes taches blanches sur le cou et la tête de l'oiseau. ».

L'Oie nous est coutumière depuis notre tendre enfance et même la nuit des temps, avec par exemple le jeu de l'oie, le conte des frères Grimm La petite gardeuse d'oies ou Le merveilleux voyage de Nils Holgersson à travers la Suède, écrit par Selma Lagerlof, sans oublier les oiseaux historiques qui auraient sauvé Rome d'une attaque nocturne des Gaulois, ou encore l'oie qui, selon Pline, était le « compagnon fidèle du philosophe pěripatéticien Lacydès ». De plus, l'ancienne pratique de la « chasse à l'oie sauvage » est devenue une expression fréquemment utilisée par les britanniques : « *wild-goose chase* », évoquant le fait de courir après quelque chose que nous n'attraperons jamais. La coutume de manger de l'oie le jour de la Saint-Michel en Angleterre, date de l'époque médiévale et Gascoyne, en 1575, écrivit :
« Et quand les tenanciers venaient payer leur quart de loyer, ils apportaient des oies à la Saint-Jean, un plat de poisson au Carême, à Noël, un chapon, à la Saint-Michel, une oie,
Et quelque chose d'autre à la date du Nouvel An, de peur que le bail ne soit perdu. »

Sur le continent, on mange des oies le jour de la Saint-Martin (11 novembre), l'oie est d'ailleurs connue sous le nom d'oiseau de la Saint-Martin. On dit que, après avoir été élu à son évêché, Saint-Martin se cacha, mais fut découvert par une oie, et il est probable que l'oie de la Saint-Michel des Anglais était à l'origine une oie de la Saint-Martin ; d'autres suggestions font référence à la coutume des anciennes offrandes faites à cette saison à Proserpine et à Odin, dans lesquelles l'oie figurait.

Pendant la plus grande partie de l'année, l'Oie cendrée reste près des lacs, des landes ou des marais, et y construit son nid d'herbes et de plumes ; en hiver, les Oies sauvages se regroupent en bandes et se rendent alors sur la côte. Au sujet du vol de ces oiseaux, les Écossais récitent ces vers :

« Oies sauvages, oies sauvages, qui se dirigent vers la mer,

Le temps sera beau ;

Oies sauvages, oies sauvages, qui se dirigent vers cette colline,

Le temps qu'il fait se répandra. »

Lorsqu'elles parcourent une certaine distance, les oies volent à une hauteur considérable en une double ligne, chaque oiseau se trouvant derrière et plutôt à l'extérieur de sa congénère, formant ainsi un angle. Cette formation leur permet de garder l'œil sur le chef unique, un vieux jars en tête de la colonne ; ce chef est remplacé de temps en temps. C'est probablement le cri et la scène de ces volées, qui, blanches sur le ciel gris, présentent dans leurs mouvements une forte ressemblance avec des chiens en fuite, et qui auraient donné naissance à la croyance populaire des Gabriel Hounds dans le nord de l'Angleterre, une meute spectrale censée prédire la mort par ses jappements nocturnes. La légende veut que ce soient les âmes d'enfants non baptisés errant dans les airs jusqu'au jour du jugement.

Branta canadensis

Le curieux papillon de nuit Sphinx tête de mort (*Acherontia atropos*) émerge de son cocon en octobre ; c'est un des plus grands insectes, mesurant souvent une douzaine de centimètres d'envergure, et facilement reconnaissable à la marque en forme de crâne de couleur crème sur son dos. La chenille, que l'on trouve habituellement sur les plants de pommes de terre, parfois aussi sur le Nerprun, est également grande et d'un vert vif, avec des bandes diagonales bleues sur le côté, sa curieuse queue est également caractéristique des chenilles de la famille des Sphinx. Lorsqu'elle est sur le point de se transformer en chrysalide, la chenille s'enterre à 20 ou 25 cm sous terre ; la chenille et le papillon possèdent tous les deux le curieux pouvoir de couiner lorsqu'ils sont effrayés ou irrités, un pouvoir que possède également la chrysalide. La jolie Runique (*Agriopis aprilina*), que les Anglo-Saxons appellent « Merveille du jour » est un papillon de nuit d'automne, alors que le rare Scarce Merveille du Jour (*Moma Orion*) apparaît en été. La deuxième couvée, plus prolifique, de la Méticuleuse (*Plogophora meticulosa*) apparaît en octobre, et les jolies petits *Alucitidae* aiment entrer dans nos maisons. Les anglais les appellent *Many-plumed Moths*, les Papillons aux ailes multiples, car leurs ailes antérieures et postérieures sont organisées autour de six nervures rigides, d'où irradient des cellules flexibles formant une structure d'ensemble rappelant des plumes d'oiseaux.

C'est également au cours de ce mois qu'apparaît la dernière génération d'Aphis, que nous appelons communément des pucerons, car les œufs pondus maintenant n'écloront pas avant le printemps. L'Aphis a un cycle de vie très intéressant, car tandis que la plupart passent par le stade ordinaire de larve, de chrysalide et d'insecte parfait, d'autres naissent dans un état presque mature ;

les couvées de printemps et d'automne sont composées de mâles et de femelles, et ces derniers passent par le stade larvaire, mais les générations intermédiaires, composées uniquement de femelles, s'en passent presque, car, après avoir changé plusieurs fois de peau, elles deviennent matures et mères à leur tour, de sorte que l'on a dit que « son pouvoir de reproduction est si incroyablement grand », et le taux de sa multiplication est si rapide, qu'on peut trouver parents, enfants, petits-enfants, arrière-petits-enfants et arrière-arrière-arrière-petits-enfants vivant et se nourrissant tous ensemble », et si leurs ennemis n'étaient pas si nombreux, le monde serait envahi par les pucerons. Les fourmis aiment se nourrir du jus collant qui s'écoule du corps de ces minuscules créatures. Elles les gardent près de leur nid et les « traient comme des vaches » en les caressant avec leurs antennes.

A présent,
« Jaune vif, rouge et orange
Les feuilles tombent en masse »
une fine couche de matière liégeuse s'est formée à la base de chacune d'entre elles, ce qui empêche non seulement la sève de circuler comme avant, mais aide la feuille à tomber au contact du vent ou du gel, laissant une légère cicatrice mais pas de blessure. Le nouveau bourgeon, formé au printemps et en été, aide également à détacher la vieille feuille, qui, en tombant tranquillement sur le sol, l'enrichit en se décomposant. Dans les climats tempérés, la chute des feuilles est nécessaire pour la protection de l'arbre, car la quantité d'eau perdue par une plante à travers ses feuilles est très importante, et dans une saison sèche, celles-ci se flétriront rapidement, même au début de l'été, alors que dans un automne

humide, elles seront conservées beaucoup plus tard, passant entre-temps par les plus glorieux changements de teinte. Les feuilles des conifères et des plantes qui poussent dans des conditions de sèche-resse sont pourvues d'une peau épaisse et de peu de pores, pour réduire l'évaporation de l'humidité, et peuvent donc résister à une chaleur ou un froid prolongé.

Le Tilleul est l'un des premiers arbres à perdre ses feuilles, suivi de près par le Noyer, le Marronnier d'Inde, le Sycomore, le Peu-plier et le Bouleau. Les taches sombres sur la feuille du Sycomore qui se fane sont dues à une espèce de champignon. Le Chêne, le Hêtre et le Noisetier conservent leur feuillage, bien qu'il soit brun et mort, pendant une période considérable, surtout les deux pre-miers. Le *Shepherd's Kalendar* nous dit que si, lors de la chute des feuilles en octobre, de nombreuses feuilles se fanent sur la branche et y restent suspendues, cela indique un hiver glacial avec beau-coup de neige. Les Allemands expriment la même croyance : « Si les feuilles sont encore accrochées aux arbres en octobre, cela au-gure d'un hiver fort », et en Grande-Bretagne, on suppose que si les baies d'Églantier, que l'on appelle le Cynorrhodon, sont abon-dantes, on peut s'attendre à un dur hiver car ils disent « *mony haws, mony snaws* » (beaucoup de cynorrhodon, beaucoup de neige).

Maintenant, l'Oseille, l'Euphorbe et le Géranium Herbe à Ro-bert brillent d'une robe cramoisie comme les baies curieuses du Fusain (*Euonymous europæus*), « le fruit qui, dans nos bois d'au-tomne, ressemble à une fleur », la capsule orange se fendant à ma-turité et révélant le fruit écarlate ; ces baies sont connues en France sous le nom de « bonnets d'évêque ». Les fruits en forme de damier de l'Alisier torminal (*Pyrus torminalis*) peuvent être distingués de ceux de l'Alisier blanc (*Pyrus aria*) par le fait que le premier est tacheté de brun et le second de rouge. La Busserole ou Raisin d'ours (*Arctostaphylos Uva-ursi*) a des fruits rouges, alors que la rare Busserole des Alpes (*Arctostaphylos alpina*) portent des fruits noirs ; le nom vient du grec, άρκος (*árktos*), un ours, et υταφυλή (*úvula*), une grappe de raisin. Les Mûres seront bientôt terminées, et les légendes britanniques associent ce phénomène au diable : en Irlande le diable leur a déjà « mis le pied à l'étrier » à la Saint-Michel, et en Angleterre elles ne sont assurées que jusqu'à la Saint-Martin. Dans l'East Sussex, la date est plus précoce, car ici il « met sa patte » sur elles le 1er octobre, et dans la partie ouest du comté, il « fait sa ronde le 10, et crache sur les mûres, et si quelqu'un les cueille, il ne verra pas l'année se terminer. »

La dernière de nos fleurs sauvages à fleurir ce mois-ci, le Lierre grimpant (*Hedera helix*), et ses fleurs jaune-verdâtre, riches en nectar, sont très prisées par les insectes qui se raréfient de plus en plus. Les baies noires, qui mûrissent après la disparition des Cynorrhodons constituent une source de nourriture bienvenue pour les Grives, les Pics et d'autres oiseaux. Pendant la grande peste de Londres, on dit que les baies de lierre furent utilisées, en poudre avec du vinaigre, comme sudorifique, avec d'assez bons résultats. Dans la pièce du Conte d'hiver, le berger, la recherche de ses moutons égarés, est descendu au bord de la mer, car « si je les ai quelque part, c'est au bord de la mer, au milieu du lierre » (Acte III, sc. 3). Dans l'original dont Shakespeare a tiré sa pièce, nous lisons que l'homme « descendait vers les falaises de la mer pour voir si, par hasard, les moutons broutaient le lierre marin, dont ils se nourrissent beaucoup ». Les chevaux aussi en mangent, tout comme les vaches et les cerfs.

Le lierre était sacré en Égypte pour Osiris, et en Grèce pour Dionysos ou Bacchus, dont on dit qu'il fut protégé par le lierre de la foudre qui tua sa mère Sémélé ; il est souvent représenté portant une couronne de fleurs de lierre, guirlande qui figure également autour de la tête de ses disciples. Cette couronne, croyait-on, empêchait l'ivresse et, de la même manière, le vin bu dans une coupe de bois de lierre était censé être inoffensif. Le buisson qui, autrefois, était suspendu devant la porte des tavernes et auquel Rosalind fait référence dans l'épilogue de la comédie de William Shakespeare, Comme il vous plaira, était généralement fait de lierre, d'où la citation suivante dans *The Glass of Government* de George Gascoigne (1575) : « De nos jours, le bon vin n'a pas besoin d'une guirlande ». Insigne du clan écossais Gordon et symbole bien connu de l'amitié, le lierre, en raison de son lien avec les rites païens, était inadmissible dans la décoration des églises, et peut-être aussi, en raison de son association avec les funérailles, était-il considéré comme inapproprié même pour les bâtiments profanes.

Parmi les champignons d'octobre, on trouve les Pieds-violets (*Agaricus personatus*) et les Pieds-bleus (*Agaricus nudus*), le premier poussant sur l'herbe dans les espaces ouverts, le second parmi les feuilles mortes dans les bois. Ici aussi, on peut trouver l'Agaric champêtre dit aussi Rosé des prés. Le Pied-de-mouton (*Hydnum repandum*), comme les autres de son genre, se trouve également dans les bois en septembre et octobre ; certaines espèces, dont le rare Hydne hérisson (*Hydnum erinaceum*), poussent sur les troncs d'arbres. La Trémelle gélatineuse (*Tremellodon gelatinosum*) pousse également sur les arbres, tout comme les différentes espèces de Polypores. Le Polypore versicolore (*Polyporus versicolor*) est probablement un des plus communs ; il pousse en couches, chaque morceau ayant la forme d'un segment de cercle rugueux, sa surface brun verdâtre foncé est douce comme du velours, et est marquée de lignes brunes ou orange. Le Polypore géant (*Polyporus giganteus*) est plus grand, également velouté, brun dessus, plus clair dessous ; et le Polypore écailleux (*Polyporus squamosus*) est encore plus grand.

Le Coprin noir d'encre (*Coprinus atramentarius*) est appelé ainsi parce qu'après avoir répandu ses spores, ceux-ci se dissolvent rapidement dans un liquide semblable à de l'encre ; en effet, ce liquide, mélangé à de l'eau gommée, produit une encre véritable et permanente. Mais ne nous attardons pas sur ces champignons, et ne nous arrêtons que pour remarquer un autre spécimen, la petite Trompette de la mort (*Craterellus cornucopioides*) de couleur sombre, parfois surnommée Corne d'abondance. Presque cachée parmi les feuilles mortes, elle pousse sur environ 7 cm de haut, généralement par paire ou plus, l'extrémité fine de la corne se trouvant dans le sol. Les spores sont portées par la surface extérieure, et provoquent l'apparence grisâtre d'une « fleur ». Bien nettoyée et cuite, elle est réputée pour faire un excellent plat.

Novembre

« Le mois suivant était Novembre ; il était gros et gras
Comme s'il avait été nourri au saindoux, et c'est bien ce qu'il semblait ;
Car il avait engraissé des porcs ces derniers temps,
Son front était couvert de sueur,
Malgré le froid mordant de la saison ;
Il prenait un grand plaisir à planter des arbres ;
Et chevauchait là où il n'était pas aisé de se rendre ;
Car un redoutable centaure s'y trouvait,
La progéniture de Saturne et de la nymphe Naïs, le grand Chiron. »

Spenser

Novembre, mois des brouillards et des brumes basses comme l'avaient décrit les révolutionnaires français dans leur calendrier républicain, donna son nom propre de Brumaire au coup d'État, intervenu le 18 brumaire de l'an VIII (9 novembre 1799), qui porta le général Napoléon Bonaparte au pouvoir en France. Mois de brouillards donc, mais encore de tempêtes, de pluie et de végétation qui agonise, c'est aussi celui de journées douces et ensoleillées ; et l'été de la Saint-Martin, vers le milieu du mois, rend encore plus agréable une promenade à la campagne. Verstegan nous dit que novembre était le *Wintmonat*, c'est-à-dire le « mois du vent » (*wind-moneth*), ce qui nous indique que nos ancêtres avaient fait connaissance, en cette saison de l'année, avec le souffle de Borée ; comme le prouve l'ancienne coutume des marins de se réfugier chez eux et de renoncer à la navigation (malgré la petitesse des voyages qu'ils faisaient alors) jusqu'à ce que le souffle de mars les invite à reprendre la mer. Un autre nom moins plaisant est *Blot-monath* (mois du sang), du saxon *blotan*, tuer ou tacher de sang, parce qu'à cette époque beaucoup de bétail était abattu pour la consommation d'hiver et pour les sacrifices. Effectivement, le baron de bœuf de Noël serait un vestige des sacrifices druidiques de jeunes taureaux blancs lors de la coupe du gui. Le baron de boeuf, cette imposante pièce de viande, prisée dans les grands cercles anglais, comprend les deux aloyaux et une partie des trains de côtes.

Le mois de novembre de Spenser, après avoir engraissé les porcs avec les feuilles de hêtre et les glands tombés au sol, prend « un grand plaisir » à planter, car les cultures sont maintenant semées, et, la sève étant à l'état de dormance, les arbres sont transplantés afin qu'ils aient le temps de s'enraciner correctement avant les gelées d'hiver, comme le conseille un vieux dicton : « Plantez les arbres à la marée de la Toussaint et ordonnez-leur de prospérer, plantez-les après la Chandeleur et demandez-leur de pousser ». Les manuscrits de la collection du marquis de Lansdowne nous indique qu'une « vieille coutume anglaise consistait à fournir un gâteau de graines pour récompenser les laboureurs après la saison des semailles du blé, ce qui se faisait généralement la nuit de la Toussaint, » tandis que le poète et agriculteur anglais Thomas Tusser écrit ceci :

« Femme, dans le courant de la semaine, si le temps reste clair,
Nous mettrons fin aux semailles de blé pour l'année ;
Souviens-toi donc, même si je ne le fais pas,
Le gâteau de graines, les pâtés, le pot de fromentée. »

La fromentée est un mets de la cuisine médiévale d'Europe de l'Ouest. Elle est principalement faite de grains de blé concassés et bouillis, d'où son nom, issu du latin *frumentum* « froment ». Diverses recettes incluent du lait, des œufs et du bouillon.

La fourrure de la Belette possède maintenant une teinte plus claire et, dans les régions plus septentrionales, l'Hermine revêt son manteau blanc. Les animaux en hibernation se glissent dans leurs quartiers d'hiver, les jeunes Écureuils se retirent avec leurs parents dans le nid douillet, astucieusement protégé de la pluie et solidement fixé dans la fourche d'un arbre, tandis que le Hérisson se roule en boule dans son nid de mousse et de feuilles, et que le joli petit Loir se recroqueville ; les vieux sont déjà endormis et les jeunes suivent maintenant leur exemple. Le nid d'hiver est de forme sphérique, fait de brindilles, de feuilles, de mousse et d'herbe, et contient une réserve de nourriture pour l'hiver ; le terrier du Mulot est également bien équipé pour les jours plus chauds et plus animés, lorsque même la Chauve-souris commune se lance à la recherche de moucherons. La Grande Chauve-souris Noctule (*Nyctalus lasiopterus*), la plus grande d'Europe, et la Noctule de Leisler (*Nyctalus leisleri*) se retirent tôt et dorment depuis longtemps dans une crevasse abritée, la tête en bas, suspendues par leurs griffes fines et fortes. Par contre, la Pipistrelle (*Pipistrellus pipistrellus*) s'est isolée depuis octobre et réapparaîtra vers le milieu du mois de mars. En effet, si certaines chauves-souris hibernent à l'abri de cavités choisies, d'autres effectuent de petites migrations vers des lieux plus tempérés comme la côte Atlantique. La Pipistrelle est la plus petite de nos chauves-souris, mesurant moins de quatre centimètres, sans compter la queue, avec une envergure d'aile d'une vingtaine de centimètres, alors que la Grande chauve-souris mesure environ sept centimètres et l'envergure de ses ailes est de presque trente-cinq centimètres. La Sérotine (*Eptesicus serotinus*) est présente dans les plaines ; on la trouve dans les agglomérations avec parcs, jardins, prairies, dans les combles des maisons ; on l'observe généralement seule et son vol est lent et décrit de grands cercles.

Les Alouettes, les Linottes, les Mésanges et divers Bruants se sont constitués en bandes. Le Bruant des neiges (*Plectrophenax nivalis*) n'est qu'un visiteur hivernal en France comme en Angleterre, mais il se reproduit dans le nord de l'Écosse. C'est un petit oiseau dodu et, au Groenland, de grandes quantités sont tuées et séchées pour l'hiver. Le Faucon pèlerin peut être vu en train de chasser pour se nourrir ainsi que, de temps en temps, le Hibou des marais et le Hibou moyen-duc, appelés en anglais « *Short-eared and Long-eared Owls* » en raison des aigrettes faites de plumes au-dessus de l'oreille, aigrettes que le Hibou moyen-duc porte dressées, tandis que celles du Hibou des marais sont peu visibles, remplacées par une petite zone huppée. Le Hibou des marais (*Asio accipitrinus*) affectionne les landes et les champs ouverts alors que le Hibou moyen-duc (*Asio otus*), plus petit, préfère les endroits boisés.

Strix aluco

La Chouette effraie que l'on nomme aussi l'Effraie des clochers ou la Dame blanche (*Tyto alba*) est l'une des plus communes des chouettes au côté de la Chouette hulotte que l'on appelle parfois Chat-huant à cause de son cri et qui se différencie notamment de la Dame blanche par sa couleur brune et sa taille plus massive. Jusqu'à tout récemment, elle n'était qu'une visiteuse occasionnelle sur nos côtes, mais ces dernières années, elle a considérablement augmenté. Le cri du Hibou des marais ressemble à un miaulement enroué et celui de l'Effraie possède des sons plus discordants : tantôt aiguës et clairs, tantôt de l'ordre du feulement.

Dans Hamlet, Ophélie dit que « la chouette a été jadis la fille d'un boulanger ». Shakespeare fait ici allusion à la vieille légende selon laquelle une fée prit l'apparence d'une vieille femme vêtue de guenilles et entra dans l'échoppe d'un boulanger pour demander qu'on lui fasse l'aumône d'un peu de pâte à pain. Après s'être fait prier, la fille du boulanger, qui était pingre, finit par lui en offrir à contre cœur un minuscule morceau. La vieille femme la supplia alors de lui permettre d'enfourner son petit morceau de pâte dans le four, à côté des belles miches prêtes à cuire. La fille du boulanger accepta. Mais lorsqu'elle ouvrit le four à la fin de la cuisson, elle s'aperçut avec surprise que le morceau de la vieille avait si bien levé qu'il formait à présent la plus grosse miche de la fournée. Jugeant ce pain bien trop beau pour le donner à une mendiante, elle lui offrit en échange un morceau de pâte encore plus petit que le premier et proposa de le cuire avec la deuxième fournée… Mais en ouvrant le four, qu'elle ne fut pas sa stupeur de voir qu'il formait à présent une miche encore plus rebondie que la première ! Une fois encore, la fille du boulanger refusa de donner à la vieille le pain qui lui revenait. A la place, elle lui tendit un morceau de pâte à peine plus grand que la moitié de l'ongle du pouce, qu'elle proposa de faire dorer avec sa troisième fournée. Cette fois, le morceau de pâte gonfla tellement qu'il forma un pain énorme, encore plus gros que les deux pains précédents. La fille du boulanger se mit alors à dévisager la mendiante avec effroi. Rejetant alors ses haillons, la fée apparut dans toute sa splendeur et lui dit ceci : « Il est temps que le monde soit débarrassé de ton avarice ! A présent, tu pourras gémir autant qu'il te plaira. 'Hou, hou, hou !' sera à jamais ta complainte ! » Sur ces mots, elle toucha la fille du boulanger de sa baguette et la changea en chouette avant de s'évanouir dans la nuit.

L'Alouette, elle, chante pour la dernière fois, on entend parfois une Grive, mais le véritable chanteur de novembre est le Rougegorge, le « doux messager du calme déclin » de John Keble, (ecclésiastique britannique, poète et théologien) qui
« plaintivement, dans des frissons interrompus,
chante le chant funèbre de l'année qui s'en va. »
Souvent, le chanteur est l'un des plus jeunes oiseaux qui, après leur deuxième mue, revêtent les plumes écarlates des adultes et commencent à répéter leurs chants.

À présent, la Grenouille s'enfouit dans la boue au fond de l'étang, les reines des Guêpes, des Abeilles et des Fourmis sont endormies, et les Limaces et Escargots se retirent dans les fissures du sol.
L'Épirrite diluée (que les Anglais nomment le Papillon de novembre) et la Phalène brumeuse, (appelée le Papillon d'hiver par les Anglais), sortent de leurs cocons. La première (*Epirrita dilutata*)

est une espèce des bois, et on peut la voir se reposer sur la surface inférieure des feuilles, elle mesure environ quatre centimètres d'une aile à l'autre ; la seconde (*Cheimatobia brumata*) est plus petite et d'une couleur brun pâle, les ailes supérieures plus foncées que les inférieures, la femelle a des ailes rudimentaires ; les larves de ce papillon apparaissent en mai et sont les plus destructrices dans les vergers.

En ce moment,

« Les petits matins ont un aspect étrange,
Le jour se lève dans une brume grise et dense
Qui ne se dissipe pas. Les champs sont blancs,
Et la faible lueur du soleil levant
Éclaire le paysage terne. Au-delà du champ
Les arbres sont massés comme des bancs de brouillard, dans la haie,
Dans une atmosphère fantomatique. Avec ses boucliers d'argent,
Le Tussilage orne la rive. La parcelle du jardin
Montre chaque plante délimitée par le blanc le plus pur,
Et le sombre Ajonc, dans le pâle rayon du matin,
Scintille comme s'il était recouvert de cristaux. »

Les bords des feuilles sont gelés et la sève ne circule pas aussi librement, d'où la bordure de givre blanc qui transforme chaque brin d'herbe en une lance de fée, et qui se dépose avec une beauté étincelante sur les ronces mourantes.

Les fruits de l'Aulne sont maintenant mûrs et, après la chute des graines, les cônes vides restent sur les branches pendant tout l'hiver, tout comme ceux du Mélèze, le dernier de nos arbres forestiers à perdre ses feuilles et le seul des conifères à le faire, car ses cousins Sapins conservent leur robe vert foncé. Les galles des Chênes de forme parfaitement ronde, et les bédégars des Eglantiers constituant des amas « chevelus » et la galle des feuilles de Hêtre en forme de pépin d'orange se distinguent nettement ; tous trois sont l'œuvre de diverses « mouches à galle » ou de « guêpes à galle » : les Cynipidae qui appartiennent à la famille des hyménoptères et qui, au printemps dernier, ont perforé l'écorce et déposé un ou plusieurs œufs en dessous. Ce phénomène est encore mal connu mais l'on sait qu'en réponse à un stimulus produit par l'organisme induisant la galle, un phénomène de dédifférenciation des cellules végétales a lieu, suivi d'une modification du développement du tissu végétal.

La piqûre induit notamment des modifications hormonales qui seraient à l'origine du développement des galles. De plus, il existe une relation dans l'évolution des larves à l'intérieur de ces galles, en fonction de leurs besoins en nourriture et en terme de protection.

Les fleurs de novembre sont rares et dispersées, mais le Séneçon, le Compagnon rouge ou Silène dioïque, l'Achillée millefeuille, la Pâquerette et la Linaire défient encore le froid, avec de temps en temps la grande Camomille, le Lamier pourpre, la Scabieuse, la Chicorée sauvage ou la Renouée persicaire. Parfois, nous trouverons aussi les fleurs jaune vif de l'Ajonc, car même au cœur de l'hiver, cet arbuste joyeux fleurit.

« Un signe pour la terre hivernale que la beauté est toujours vivante », cette caractéristique a d'ailleurs donné lieu à un dicton paysan : « Quand l'ajonc n'est pas en fleur, le baiser n'est plus de mise ».

Ulex europæus

Il existe trois espèces répandues : l'Ajonc d'Europe (*Ulex europæus*), qui fleurit de février à juin et de nouveau en août ou septembre, il est le plus commun et le plus grand des trois, atteignant dans les endroits abrités une hauteur de trois mètres cinquante. L'Ajonc de Le Gall (*Ulex Gallii*) petit arbrisseau épineux, d'environ cinquante centimètres de haut, à feuilles persistantes, croît dans les milieux maritimes des côtes de l'Atlantique de l'Écosse à l'Espagne et fleurit d'août à novembre. L'Ajonc nain (*Ulex nanus ou minor*) fleurit de juillet à septembre et se distingue de l'Ajonc d'Europe par sa tige plus courte et ses épines droites et faibles, alors que celles de l'Ajonc d'Europe sont courbées et fortes ; chez ce dernier, les pétales sont en général plus longs que la quille de la fleur, mais chez le nain, c'est l'inverse ; il y a aussi une différence dans la couleur des fleurs, qui sont plus pâles chez l'Ajonc nain que chez le grand. L'Ajonc est clairement une plante de la zone tempérée, elle ne s'épanouit ni dans les pays chauds ni dans les pays froids, elle est rare dans les Highlands, et qui pourrait oublier l'histoire du grand naturaliste suédois Linnæus qui, en visitant l'Angleterre et en voyant pour la première fois la plante dans toute la gloire de sa floraison, instinctivement

« S'agenouilla devant elle sur le gazon
Remerciant Dieu pour sa beauté. »

Les Bovins, les Ovins et les Lapins dévorent ses jeunes pousses tendres et les insectes se délectent de ses fleurs. Le Tarier des prés (*Pratincola rubetra*), passereau à la poitrine chamois, est appelé *Whinchat* par les Anglais, en référence à l'Ajonc d'Europe qu'ils nomment « *whin* » et sur lequel cet oiseau aime se poser.

Les touffes plumeuses de la Clématite de Virginie, originaire d'Amérique du Nord, justifient son nom de « Barbe de vieillard » ; comme le Saule, le Chardon, etc, ses graines sont dispersées par le vent. Le Bident penché (*Bidens cernua*) a également mûri ses graines, chaque fruit étant pourvu de trois ou quatre poils raides munis de barbes qui se fixent au pelage des animaux, comme des Bardanes. Le nom scientifique *bidens*, du latin *bi*, double, et *dens*, dent, fait référence à ces poils crantés.

Parmi les champignons qui subsistent encore, on trouve le Pied-de-mouton, le Pied bleu qui est le nom vernaculaire français du Tricholome nu, l'Agaric améthyste et l'Hygrophore blanc, ces derniers survivant pour un temps aux légères gelées qui tuent leurs parents plus délicats. La chasse à la Truffe, qui était autrefois une industrie traditionnelle, est aujourd'hui pratiquement abandonnée en Angleterre mais pas en France, qui l'approvisionne de ce met délicat. Le chien truffier, une race de caniche spécialement entraînée à cet effet, est désormais aussi méconnue chez les Anglais que le *Turnspit* ou cette race d'Épagneuls qui leur était autrefois familière mais qui n'est plus représentée que par de vieux ornements de cheminée. En France et en Italie, les porcs sont aussi employés pour détecter les truffes, qui poussent sous la terre, dans un sol calcaire, généralement près des racines des arbres, que l'on trouve dans les bois de Hêtres, de Chênes, de Bouleaux, de Châtaigniers, de Noisetiers et de Charmes. En France, il existe plusieurs variétés réputées qui ressemblent toutes plus ou moins à un nodule noir de forme irrégulière, dont la taille varie de celle d'une noix à celle d'une grosse pomme de terre, et dont la surface est couverte de grumeaux aux multiples facettes. : la Truffe Noire ou

« Truffe du Périgord » (*Tuber Melanosporum*), La Truffe blanche d'été ou « Truffe de la Saint-Jean » (*Tuber æstivum*), La Truffe Blanche ou « Truffe du Piémont » (*Tuber Magnatum Pico*) et la Truffe de Bourgogne ou « Truffe grise » (*Tuber Uncinatum*).

Le botaniste Robert M. Stark, dans *A Popular History of British Mosses*, nous dépeint la beauté des nombreuses mousses qui attirent notre attention en ce moment :
« Le manteau verdoyant de la Terre protège le germe
De la vie des plantes et des insectes du froid de l'hiver,
Au milieu de laquelle les petites branches, sans être blessées,
Se parent de teintes vertes et dorées. »
Beaucoup sont parsemées des petites capsules vertes qui contiennent les spores, d'autres les font mûrir en d'autres saisons, tandis que certaines espèces ne fructifient que rarement. La Mousse d'eau à long bec (*Platyhypnidium riparioides*) est une mousse qui fructifie en hiver, elle pousse parmi les pierres et les rochers des chutes d'eau, tout comme la Palustriella commutata (*Hypnum commutatum ou Cratoneuron commutatum*). La Brachythecium velutinum (*Hypnum uncinatum*) se reconnaît à sa couleur vert vif et à l'aspect crochu de ses feuilles ; l'Hylocomie brillante (*Hylocomium splendens*) se trouve dans les bois, sur les talus de haies, les landes, etc.

Une mousse bien connue est le Polytrichum commun qui pousse en grands coussins, la partie supérieure étant verte et les tiges et les feuilles inférieures brunes. Les feuilles se détachent de la tige et donnent à la mousse, vue d'en haut, l'apparence d'un amas d'étoiles. Cette mousse est utilisée en Laponie pour la confection de lits et d'oreillers. Le botaniste d'origine allemande

Johann Jacob Dillenius nous dit qu'à son époque on en tirait une huile pour les cheveux, et le naturaliste et ornithologue britannique Gilbert White, qui peut d'ailleurs être considéré comme un pionnier de l'écologie, mentionne les petits peignes fabriqués à partir de cette mousse, « très appropriés pour épousseter les lits, les rideaux, les tapis, etc. » Le nom du genre vient du grec πολύτριχος, *polýtrichos*, qui signifie « avec beaucoup de poils », par allusion aux poils fins du voile qui recouvre la capsule non mûre.

Le Bryum d'argent (*Bryum argenteum*), dont les extrémités sont vert argenté, est une mousse qui fructifie également en hiver ; les feuilles étroitement pressées sur la tige donnent aux grappes de fleurs tombantes l'apparence d'un chaton, d'où le nom de Mousse argentée à tige de chaton donné par Dillenius. Le Bryum cæspititium pousse sur les murs et les toits des maisons, et c'est là aussi que l'on trouve le Grimmia sessile (*Grimmia aporcalpa*) et de nombreuses mousses à sporogones : ces petites tiges surmontées d'une capsule et d'une coiffe. Le Grimmia sessile se trouve également sur les rochers et les arbres, il pousse en coussins compacts, la longue pointe de poil au bout de chaque feuille lui donnant un aspect argenté. En ce qui concerne les mousses à sporogones, Mlle Tripp, dans un article sur les mousses britanniques, déclare : « Aucune mousse n'ajoute autant à la beauté de nos contemplations quotidiennes. Leurs coussins ronds, verts et gris, d'où s'élèvent des 'touffes en forme de harpon' rouges, brillants au soleil, étincelants sous la pluie, occupent la même place parmi les mousses que les marguerites parmi les fleurs, et les rouges-gorges parmi les oiseaux. »

La Fontinale commune (*Fontinalis antipyretica*), mousse aquatique aux feuilles vertes foncées et aux tiges souvent longues de plus de trois centimètres, pousse sur les rochers et les pierres dans les rivières et les ruisseaux, parfois dans les eaux stagnantes.

Les mousses fourchues, de la famille des Dicranum parmi celles appelées communément les « vraies mousses », sont nommées ainsi en raison de la ressemblance des minuscules dents qui entourent la capsule avec un crochet ou une fourchette. Le nom générique vient du grec δίκρανος, *dikranos*, « fourchu ». L'une des plus remarquables est le Dicranum scorparium que l'on trouve dans les bois ; le Dicranum varium pousse sur les sols humides et argileux et sur les berges humides, et le Dicranum heteromallum sur les berges et au pied des arbres. Les feuilles vertes brillantes de cette dernière se retournent dans le même sens, présentant un aspect lisse et satiné ; les capsules sont brun rougeâtre, et apparaissent en automne et en hiver.

Parmi les différentes espèces de Sphaigne (*Sphagnum*) dont les feuilles sont d'un vert pâle, presque blanc, la Sphaigne palustres (*Sphagnum cymbifolium*) est la plus commune. Elle pousse en abondance dans les tourbières et les landes; ses feuilles deviennent rouges lorsqu'elles sont âgées ou exposées à la sécheresse. La Mousse de tourbière à feuilles étalées (*Sphagnum squarrosum*) se reconnaît à ses feuilles pointues et recourbées. Linnæus nous drévèle, dans son livre *Flora of Lapland,* que la Mousse de tourbière, après avoir été séchée, était largement utilisée dans son pays comme literie pour les nourrissons, elle est également employée pour les compresses des hôpitaux et les pansements antiseptiques. La tourbe est en grande partie composée de cette mousse, qui est l'une des plus utiles de ces humbles plantes. Mais, en effet, les mousses rendent des services inestimables tant en formant le sol qu'en protégeant les tendres racines des arbres. « Le lichen et les mousses », dit l'écrivain John Ruskin, « Douces créatures ! Première miséricorde de la terre, voilant d'une douceur feutrée ses rochers sans vie : créatures pleines de pitié, couvrant d'un honneur étrange et tendre la disgrâce cicatrisée de la ruine, posant un doigt tranquille sur les pierres tremblantes pour leur apprendre le repos. Aucun mot, que je connaisse, ne peut dire ce que sont ces mousses – des tracés d'argent complexes, et des franges d'ambre – pourtant tout en retenue et pensives, et conçues pour les plus simples et les plus doux offices de la grâce ! On ne les cueillera pas, comme les fleurs, pour en faire des chapelets ou des gages d'amour, mais c'est d'elles que l'oiseau sauvage fera son nid et l'enfant fatigué son oreiller. » (dans *Modern Painters* Vol. V. partie vi.)

« La petite mousse, dont la verdure soyeuse habille
La roche usée par le temps, et dont les capsules brillantes s'élèvent,
Des urnes de fées légères, sur des tiges d'un éclat doré,
Réclame notre admiration et nos louanges,
Autant que le cèdre embrassant le ciel bleu. »

Les mousses sont apparentées aux Hépatiques vertes qui rampent sur nos chemins humides et nos murs en ruine, mais les Lichens, gris, jaunes et bruns, sont une espèce de champignon. Un Lichen, en réalité, est composé de ce que l'on peut décrire comme une union de champignons et d'algues, les premiers étant probablement parasites des secondes, mais chacun aidant l'autre. On trouve quelque 1 200 espèces de Lichens en Europe. Le Lichen d'Islande (*Cetraria islandica*) est commun à tous les pays nordiques ; en Islande, il couvre de grandes étendues de terrain et atteint une hauteur de quatre à dix centimètres. Il est utilisé pour les gelées, et parfois trempé dans l'eau et pilé pour le pain ; il n'est pas rare en Grande-Bretagne, dans les districts montagneux. Le Lichen des rennes (*Cladonia rangiferina*) est appelé ainsi car il constitue la principale nourriture hivernale de cet animal. Comme le Lichen d'Islande, il est propre à la consommation humaine, et un édit de Gustave III, de Suède, recommandait son utilisation en période de disette. Il s'agit d'une espèce britannique commune, dont la tige cylindrique grise et très ramifiée atteint une hauteur de cinq centimètres et plus, et dont les branches, si plusieurs plantes poussent ensemble, s'entrelacent en une masse complexe. Dans les climats plus septentrionaux, elle atteint une hauteur considérablement plus grande ; en Laponie notamment, elle est récoltée et stockée en tas comme fourrage pour le bétail.

En France, parmi les Lichens les plus fréquents sur les troncs et aussi sur les pierres et les tuiles, les espèces du genre Xanthoria sont reconnaissables à leur couleur jaune plus ou moins orangée. Les Xanthoria peuvent être utilisés pour teindre les lainages en jaune ou en brun. A l'inverse, en Haute-Ardèche, un Lichen très rare (*Sphaerophorus globosus*) qui ne pousse que dans les endroits où la pollution est absolument nulle a permis de détecter une zone où l'air est le plus pur de notre territoire.

Certains Lichens, que l'on trouve sur l'écorce des arbres, sont connus sous le nom de Lichens des lettres ou d'orthographes, en raison de leur ressemblance avec les lettres de l'alphabet oriental. Les troncs des Houx sont les lieux de villégiature préférés de ces Lichens, et on les trouve également sur le Chêne, le Frêne, l'Orme, le Bouleau et le Noisetier. Les touffes hirsutes grisâtres ou jaune verdâtre du Lichen à barbe rouge (*Usnea rubicunda*) poussent sur les vieux arbres forestiers, en particulier les Sapins. Le Parmelia (du grec *parma*, « petit bouclier rond ») est une autre espèce bien connue que l'on trouve sur les pierres et les murs.

Le Lobaria pulmonaria est une espèce de lichens de la famille des Lobariacées. C'est un des rares lichens à être un tant soit peu connus du public. Il doit cette notoriété, toute relative, à sa grande taille et à un usage ancien dans la pharmacopée traditionnelle. Il était autrefois utilisé comme teinture, notamment pour les bas de laine des Highlands.

Les lichens, bien qu'étant la plus basse des végétations, peuvent être considérés comme les précurseurs de la plus haute, car leur travail n'est pas tant de préparer que de créer le sol, ce qu'ils font en rampant à la surface des roches, et à l'aide d'un acide que possèdent leurs minuscules filaments, ils se frayent un chemin dans le bloc solide, contribuant ainsi au processus d'usure. La surface dure de la roche, qui s'effrite lentement, forme un sol mince sur lequel les mousses et d'autres plantes minuscules peuvent s'épanouir, et celles-ci, à leur tour, se décomposant progressivement et formant un sol encore plus riche et plus résistant, préparent le terrain pour des plantes plus développées. C'est à l'humble travail de ces pionniers que « le cèdre embrassant le ciel bleu » doit son existence. « Et comme la première miséricorde de la terre, ils sont son dernier cadeau envers nous. Lorsque tous les autres services sont vains, les plantes et les arbres, les mousses douces et les lichens gris montent la garde près de la pierre tombale. Les bois, les fleurs, les herbes porteuses de cadeaux, ont fait leur part pour un temps, mais ceux-ci rendent service pour toujours. Les arbres pour la cour du constructeur, les fleurs pour la chambre de la mariée, le maïs pour le grenier, la mousse pour la tombe. – En partageant le calme de la roche impassible, ils partagent aussi son endurance ; et tandis que les vents du printemps qui s'en va dispersent les fleurs blanches de l'aubépine comme de la neige, et que l'été assombrit sur la prairie desséchée la chute de sa primevère jaune d'or, loin au-dessus, parmi les montagnes, les taches de lichen argenté reposent, comme des étoiles, sur la pierre ; et la tache orange qui s'accumule sur le bord du pic occidental reflète les couchers de soleil de mille ans. »

Chapitre XII

Décembre

« Après lui, venait le frileux Décembre,

Mais gaiement il faisait festin,

Allumait de grands feux de joie, tant que le froid il en oubliait,

Et tant la naissance de son Sauveur l'esprit lui réjouissait ;

Il allait, monté sur une chèvre à la barbiche embroussaillée,

Celle-là même – dit-on – qui nourrit Seigneur Jupiter jadis

En ses tendres années, par les soins de la jeune Eléenne ;

Dans ses mains une large et profonde coupe il portait,

Et sans trêve à la santé de ses égaux il buvait. »

Spencer

écembre, ainsi appelé du latin *decem*, dix, avant que janvier et février ne soient ajoutés au calendrier, était non seulement le dixième mais aussi, comme c'est toujours le cas aujourd'hui, le dernier mois de l'année. Pour nos ancêtres, c'était le *winter-monat*, c'est-à-dire le mois d'hiver ; mais après que les Saxons eurent adopté le christianisme, ils l'appelèrent, par dévotion pour la naissance du Christ, *heligh-monat*, c'est-à-dire le mois sacré. C'est toujours le *Christmonat* en Allemagne, le mois de la Nativité, mais il était également connu sous le nom de *Midwinter-monath* et *Guil erra*, alors que dans la France révolutionnaire il était devenu Frimaire, mois « du froid, tantôt sec, tantôt humide ». Et selon le Dr Sayers, « la fête de Thor, qui était célébrée au solstice d'hiver, était appelée *guil* du nom *iol*, qui est maintenant devenue Yule. Cette fête semble se poursuivre pendant une partie du mois de janvier. »

C'est en décembre que se déroule le jour le plus court, généralement le 21, car après cette date, les heures de lumière du jour augmentent progressivement jusqu'à atteindre leur maximum au milieu de l'été. Mais les nuits d'hiver compensent pleinement leur obscurité par l'éclat des cieux étoilés, ce glorieux témoin de la main divine.

L'hémisphère Nord contient un nombre beaucoup plus important de constellations et une plus grande proportion d'étoiles de première magnitude que l'hémisphère Sud : la Grande et la Petite Ourse, le Bouvier, Cassiopée, Persée et Andromède, Hercule, le Taureau, Pégase, le Cocher, les Gémeaux, le Lion, l'Aigle, le Cygne, la Baleine, Eridan, le Grand Chien et le Petit Chien.

« Orion, agenouillé dans sa niche étoilée,

La Lyre, dont les cordes produisent de la musique perceptible

Par les pieuses oreilles, et bien d'autres splendeurs encore. »

La superstition nous avertit que pointer du doigt les étoiles attire la pluie, une fantaisie joliment exprimée par le dicton allemand selon lequel les étoiles sont les yeux des anges et qu'en les pointant du doigt, nous les faisons pleurer. Les Français aussi disent que « quand les Étoiles sont plus brillantes que de coutume la pluie est probable, » et que « Ciel très étoilé n'est pas de longue durée. »

A présent,
« Cette vierge aux feux blancs
Que l'homme, en son jargon, appelle la lune, »
à propos de laquelle chaque continent et chaque peuple possède son propre mythe, monte haut dans le ciel clair tandis que le soleil est à son altitude la plus basse ; et alors qu'elle « glisse en scintillant sur les flancs » transparents des nuages, au-dessus d'un monde blanc de neige, la scène est d'une beauté indescriptible.

La blancheur particulière de la neige est due à l'air qui s'entremêle entre les flocons ; la lumière ne peut pas y pénétrer, mais est réfléchie d'un point à l'autre des minuscules cristaux dont les flocons sont constitués. Ces cristaux divisent les rayons lumineux en teintes prismatiques, et celles-ci s'unissent aux rayons des autres cristaux pour produire cette couleur blanche et pure. La nuit, la neige est légèrement phosphorescente, tandis qu'au soleil, les petits cristaux brillent comme d'innombrables diamants. Chaque flocon est composé de minuscules spicules de glace, formées par la condensation de vapeur d'eau autour de minuscules particules de poussière. La forme varie du simple hexagone aux étoiles complexes, mais dans tous les cas, les spicules de glace sont disposés selon des angles de 60° ou 120°. Plus la température est basse, plus la taille du flocon est petite et plus le motif est élaboré. Plus d'un millier de formes différentes de flocons de neige ont été répertoriées, et celles-ci ont été divisées en cinq classes, mais dans chaque tempête de neige, il n'y a généralement qu'une seule classe de flocons de neige. Par temps calme, chaque flocon est séparé et distinct, mais par temps venteux, ils sont projetés les uns contre les autres en masses irrégulières.

Pour l'agriculteur, la neige est un visiteur bienvenu, qui enrichit le sol et le protège du gel, le sol sous-jacent étant parfois jusqu'à 15°C plus chaud que l'air environnant. En effet, on a remarqué que les délicates fleurs suisses, qui, dans leurs Alpes natales, sont abritées sous une douce couverture de neige, ne peuvent pas supporter, par exemple, le froid d'un hiver anglais. Les flocons sont si légèrement superposés que 25 cm de neige ne donnent que 2,5 cm d'eau, et l'air emprisonné dans ses flocons retient la chaleur du sol de la même manière et pour la même raison qu'un châle de laine conserve la température du corps, et que les oiseaux, par temps froid, gonflent leurs plumes pour se réchauffer. De même, une couche de glace protège les eaux libres :

« Le vent froid a balayé le sommet de la montagne
De la neige vieille de cinq mille étés ;
Sur le monde ouvert et le sommet des mornes collines
Il avait rassemblé tout le froid.
. . . .
Le petit ruisseau l'a entendu et a construit un toit

Sous lequel il put se loger, à l'abri de l'hiver :
Toute la nuit, aux lueurs givrées des étoiles blanches
Il tailla ses arcs et fit coïncider ses poutres ;
Ses rayons de cristal étaient minces et clairs
Comme les éclats de lumière qui sculptent les étoiles ;
. . . .
Parfois ses eaux tintantes glissaient
A travers une forêt de feuillage givré,
De longues et étincelantes allées d'arbres à tige d'acier
Se pliant pour feindre une brise ;
Parfois, le toit ne possédait pas de bordures
Mais des mousses argentées se développaient en dessous ;
Parfois, il était sculpté en relief
Avec de pittoresques arabesques de feuilles de fougères glacées ;
Parfois, il était simplement lisse et clair
Pour que la joie du ciel puisse briller à travers, et ici
Il avait attrapé les pointes de jonc hochant la tête
Et les avait couverts de gouttes de diamant,
Qui cristallisaient les rayons de la lune et du soleil,
Faisant de chacun d'eux une étoile ;
Un dispositif des plus rares — aucun constructeur mortel
Ne pourrait imiter ce palais d'hiver de glace. »

La glace, comme la neige, est composée de cristaux à six côtés, mais ceux-ci ne sont pas visibles tant qu'ils sont gelés ; cependant, lorsqu'un cristal fond, son contour peut être observé au microscope sous la forme d'une étoile d'eau parmi la glace environnante. En raison de la propriété particulière de l'eau, qui se dilate au moment où elle gèle et se contracte — retrouvant son volume initial – lorsqu'elle fond, l'eau de ces étoiles ne remplit pas la cavité laissée par la fusion. C'est cette expansion qui permet à la glace de briser non seulement nos conduites d'eau, mais aussi les falaises et les rochers, et d'émietter les mottes de terre de nos champs et de nos jardins pour en faire un sol exploitable. Avant le Nouvel An, le gel se prolonge rarement le long des côtes Atlantiques, et les Anglais ont coutume de dire que « si la glace supporte le poids d'un canard avant la *Martlemas* (jour de la Saint-Martin, le 11 novembre), aucune ne supportera celui d'une oie tout l'hiver. »

« Mords, givre, mords !
Vous vous enroulez loin de la lumière
Le cloporte bleu, le loir dodu,
Les abeilles sont assoupies, et les mouches mortes, »
mais il y a bien une petite créature encore active, car :
« La poésie de la terre ne s'arrête jamais ;
Par une soirée d'hiver solitaire, quand le gel
A forgé le silence, du poêle monte, strident,
Le chant du grillon. »

Gryllus domesticus

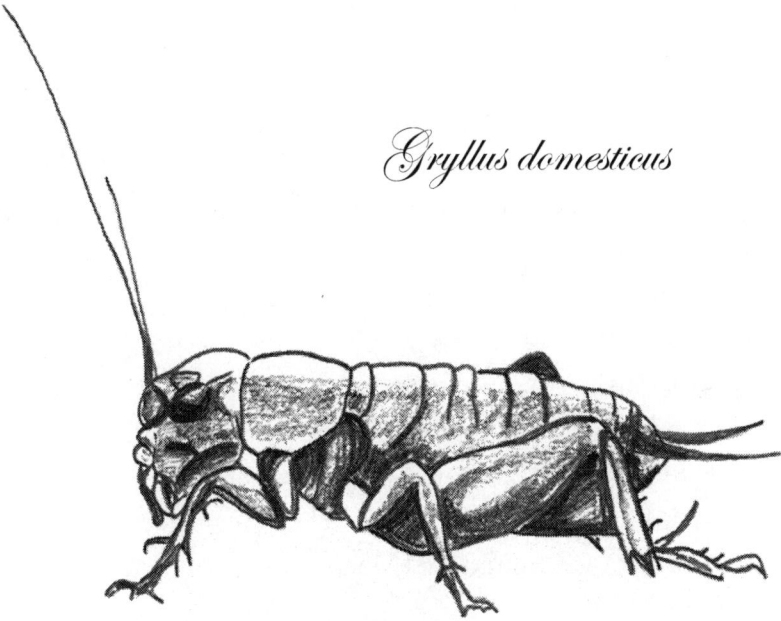

Comme la Sauterelle, la Blatte et le Criquet, le Grillon appartient à l'ordre des Orthoptères, insectes à ailes droites ; ceux-ci ne passent par aucun stade passif, mais se développent par une série de changements et les larves ressemblent beaucoup à l'adulte. La sous-famille des Saltatoria ou des sauteurs, à laquelle appartiennent les Sauterelles et les Grillons, est parfois connue sous le nom d'Orthoptères musicaux, en raison de la stridulation sonore des mâles, stridulation, dans le cas du Grillon et de certaines Sauterelles, produit en frottant une aile contre l'autre. Les oreilles, qui ont la forme d'une dépression en forme de fosse munie de tambours et de nerfs, sont situées au sommet des pattes avant.

Il existe quatre principales espèces de grillons en Europe. Le Grillon domestique (*Gryllus domesticus*) est de couleur brun rougeâtre et se trouve généralement en intérieur, bien qu'on puisse parfois l'observer en plein air l'été. Silencieux pendant la journée, il sort la nuit à la recherche de miettes et de restes de nourriture. Ses lieux de prédilection sont les habitations, et s'il est privé de chaleur, il reste plus ou moins endormi en hiver. Le Grillon des champs (*Gryllus campestris*) est plus foncé et relativement plus gros, et on le trouve, comme son nom l'indique, dans les champs et les prairies, où il vit dans des terriers creusés dans le sol. Les pattes avant de la Courtilière, aussi nommée la Taupette (*Gryllotalpa vulgaris*) sont épaisses et courtes et ont la forme de celles d'une Taupe, se terminant par quatre fortes griffes. C'est un insecte fouisseur plutôt gros, vivant en milieu relativement humide, de la tourbière au potager humide ou encore dans les marais et les prairies humides. Deux à trois cents œufs sont pondus dans son terrier, et les jeunes n'atteignent pas la maturité avant presque trois ans. La dernière espèce, le Grillon des bois (*Nemobius sylvestris*), se trouve généralement parmi les feuilles mortes dans les bois ; c'est le plus petit des quatre, il ne mesure pas plus de 10 mm.

À l'extérieur, là où la terre est meuble, de petits tas de terre à la surface montrent que la Taupe creuse plus profondément sous terre pour trouver les Vers de terre dont elle se nourrit, et sur la neige poudreuse se trouvent les empreintes de Lièvres ou de Lapins, et les traces de divers oiseaux. Ces derniers souffrent cruellement de la soif pendant les périodes de gel et une soucoupe d'eau devrait toujours accompagner le petit-déjeuner de graines que des mains bienveillantes leur offrent.

Peu de fleurs nous saluent, mais une Marguerite, un Séneçon, une Camomille ou un Compagnon rouge tardif fleurissent occasionnellement sur le bord du chemin, une Primevère égarée peut être cueillie ici et là, et dans le jardin, la « Rose de Noël, la dernière fleur de l'année », ouvre ses pétales blancs comme neige. Cette plante est une espèce d'Hellébore (*Helleborus niger*) et l'un de ses anciens noms est l'Herbe du Christ. La légende raconte qu'après la présentation des cadeaux des Mages, une petite bergère se tenait en pleurs car elle n'avait rien à offrir au Saint Enfant. Un Ange s'approcha et, effleurant la neige, révéla à ses yeux éplorés la Rose de Noël, en disant : « Ni l'or, ni la myrrhe, ni l'encens n'offrent plus de plaisir à l'Enfant Jésus que ces pures roses d'hiver ». En Alsace, on raconte qu'une petite rose sans épines aurait fleuri pour la première fois dans la neige, au milieu de la nuit, à l'heure même où le Sauveur est né. Une autre légende, semblable à celle du Perce-neige, dit encore que la plante poussa d'abord dans les jardins du Ciel, où elle était entretenue par les anges sous le nom de « Rose de l'amour », et qu'après la Chute, causée par la désobéissance d'Adam et Eve dans la Genèse, les anges demandèrent la permission de porter la fleur sur terre, pour consoler le couple malheureux,
« Depuis, cette rose d'hiver
Fleurit au sein des neiges
Symbole de la promesse, de l'attention et de l'amour de Dieu. »

Le Troène conserve encore ses baies noires, et le Houx porte des fruits écarlates, car ses baies, astringentes, ne sont pas appréciées des oiseaux tant qu'ils peuvent se nourrir d'autres choses. À cette saison, les Romains, lors de la fête des Saturnales, décoraient leurs temples et leurs habitations de branches vertes ; et parmi les nations plus septentrionales où régnait le druidisme, « les maisons étaient parées de conifères en décembre, afin que les esprits sylvestres puissent s'y réfugier et rester à l'abri du gel et des vents froids, jusqu'à ce qu'une saison plus douce renouvelle le feuillage de leurs chères demeures. » On pensait autrefois que le Houx (*Ilex aquifolium*), issu du vieux bas francique *hulis*, et dont la racine se retrouve dans l'anglais *holly*, était ainsi appelé en raison de son utilisation dans les décorations de Noël – *holy tree* signifie l'arbre sacré – et l'orthographe du moyen anglais est une forme contractée de *holm*, également appliqué au Chêne vert ou *Holly-oak*, qui possède également un feuillage persistant. Spenser, dans *Faerie Queen*, parle d'ailleurs du « sculpteur *holme* » (Livre I. Chant I). La raison pour laquelle les feuilles supérieures du Houx sont dépourvues des pointes que l'on trouve sur celles des branches inférieures a longtemps intrigué les botanistes. L'une des suggestions étant que les pointes servent de protection contre le bétail et autres animaux dévorant le jeune arbre, et que les branches supérieures, étant hors de portée des animaux de pâturage, n'avaient pas besoin d'une telle protection. Une autre opinion est qu'il serait possible que le piquant des feuilles dépende de la nature du sol environnant, plus le sol est pauvre, plus le feuillage serait épineux. Les fleurs cireuses blanc-verdâtre apparaissent en mai et poussent en grappes près de la tige.

Le Houx a toujours été considéré comme un arbuste sacré : dédié à Saturne par les Romains, qui en ornaient leurs temples, il était employé par les Parsis dans leurs rites de baptême, et dans la mythologie nordique, Baldur était représenté comme se tenant près d'un Houx lorsqu'il fut frappé par la flèche fatale. Son sang fut transformé en baies écarlates, et les larmes de sa femme, Nauna, en fruits nacrés du Gui. Le christianisme attribuait un caractère plus sacré encore aux baies rouges, associant la couronne d'épines aux feuilles épineuses,

« De tous les arbres qui bordent l'allée du Roi,

Lequel aimez-vous le plus ?

Oh, celui qui est vert le jour de Noël,

Le buisson à la poitrine saignante :

Maintenant, le houx avec ses gouttes de sang est pour moi

Car c'est l'arbre de notre chère tante Mary. »

Tandis que, en l'honneur de l'arbuste, un autre déclara :

« Quiconque crie contre le houx

Sera pendu haut et court à une corde.

Allelujah. »

Et,

« De tous les arbres qui sont dans le bois,

Le houx porte la couronne. »

Le Gui (*Viscum album*) tire son nom scientifique du latin *viscum*, colle, avec une influence germanique : *wiscu*, puis *gwy* et enfin *guy*. Les petites fleurs, de couleur verdâtre, apparaissent en mars. Bien que la famille du Gui compte 500 espèces, on n'en connaît qu'une seule chez nous, le rameau familier de nos décorations de Noël, et la plante sacrée des druides. Il était coupé lors d'une cérémonie spéciale au solstice d'hiver, lorsque deux bœufs blancs étaient sacrifiés et que des feux de joie étaient allumés. Ces feux de joie sont probablement à l'origine de la combustion de la bûche de Yule, ainsi que de la règle qui stipule que les conifères de Noël doivent être brûlés lorsqu'ils ont été abattus, au lieu d'être jetés.

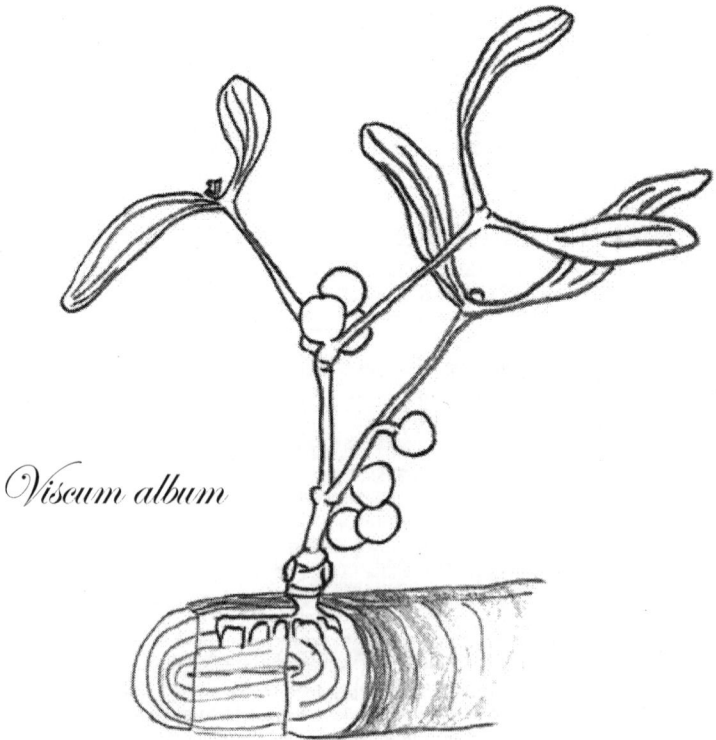

Viscum album

On raconte qu'après avoir causé la mort de Baldur, sa mère, Frigg, ordonna que le Gui ne touche plus jamais la Terre, le royaume de Loki, de peur que d'autres malheurs ne s'y accumulent, mais qu'il reste suspendu entre le ciel et la terre, et que sous lui soit échangé le baiser de paix.

D'autres plantes utilisées pour la décoration de Noël sont le Romarin et le Laurier, auxquels on peut ajouter le Laurier-cerise ou palme dont le célèbre botaniste anglais Gerarde parle comme d'un arbuste de jardin de choix. Le Sapin et l'If jouent également leur rôle. En Ecosse, le Houx est l'insigne du clan Mackenzie, le sapin celui des Grants, et l'if celui des Fraser.

Le sapin est peut-être celui qui a le plus de légitimité à porter le titre d'arbre de Noël car, bien que le Houx soit largement associé à cette fête, c'est la pyramide verte de branches résineuses ornée de bougies lumineuses et de cadeaux à son pied qui se dresse devant nous lorsque nous prononçons ce nom. Au 11ème siècle, l'arbre de Noël, garni de pommes rouges, symbolisait l'arbre du paradis. C'est au 12ème siècle que la tradition du sapin est apparue en Europe, plus précisément en Alsace. On le mentionne pour la première fois comme « arbre de Noël » en Alsace vers 1521. Au 14ème siècle, les décorations étaient composées de pommes, de confiseries et de petits gâteaux. A cette même époque, l'étoile au sommet de l'arbre, symbole de l'étoile de Bethléem, commença à se répandre. Ce sont les protestants en 1560 qui développèrent la tradition du sapin de Noël pour se démarquer des catholiques. Aux 17ème et 18ème siècles apparaissent les premiers sapins illuminés. On utilisait des coquilles de noix remplies d'huile à la surface desquelles des mèches flottaient ou des chandelles souples nouées autour des branches. C'est en 1738 que Marie Leszczynska, épouse de Louis XV alors roi de France, aurait installé un sapin de Noël dans le château de Versailles.

On trouva par la suite de plus en plus d'arbres de Noël particulièrement en Alsace-Lorraine, où existait déjà la tradition du sapin.

Les anciens Égyptiens symbolisaient l'année avec un palmier car cette plante produit une branche par mois, et ainsi une gerbe de palmier avec douze pousses représentait l'année complète. Nous supposons que ceci serait l'origine de l'arbre de Noël. Lorsque cette tradition fut importée en Europe, il fut décidé d'utiliser un sapin pour représenter la pyramide égyptienne. La coutume de décorer le sapin de Noël proviendrait également de la décoration traditionnelle des pyramides durant le solstice d'hiver.

Le Sapin écossais, ou plus exactement le Pin sylvestre (*Pinus sylvestris*), est originaire de Grande-Bretagne, mais les véritables sapins, l'Epicéa ou Sapin de Norvège, et le Sapin blanc viennent du continent européen. Le Sapin blanc ou Sapin pectiné (*Abies pectinata ou Pinus alba*) se distingue de l'Epicéa (*Picea excelsa*) par sa cime touffue car, alors que l'Epicéa se termine par une pointe en forme de lance, le Sapin blanc n'est pointu que lorsqu'il est très jeune. La nervure centrale des feuilles du Sapin blanc est relevée, et de chaque côté s'étend une ligne blanche, qui lui donne son nom ; ces feuilles sont conservées pendant huit ou neuf ans. Les cônes de l'Epicéa sont plus longs et plus lisses que ceux du Sapin blanc, dont chaque écaille se termine par une pointe acérée, tandis que le cône du Sapin Douglas (*Abies Douglasii*) est couvert d'écailles supplémentaires souples en forme de trident. Les cônes de l'Epicéa et du Douglas pendent vers le bas alors que ceux du Sapin blanc sont dressés.

Outre l'Epicéa commun, il existe de nombreuses autres espèces, dont certaines forment les immenses forêts du Canada et de l'Amérique. C'est à partir des racines du Sapin blanc (*Pinus alba*) que les peuples indigènes du Canada préparent le tressage de leurs canoës, et cette espèce ainsi que d'autres, le Sapin noir, le Sapin de l'Himalaya, le Sapin de Patton, etc, ont été introduites en Europe. Le Sapin Douglas est originaire du nord-ouest de l'Amérique, où il couvre de vastes étendues de terre, tout comme le Sapin blanc et l'Epicéa sur le continent, et le Sapin de Corée à l'est.

« Récoltez les rayons du soleil,
Liez-les en gerbes,
Rangez-les et changez-les
En touffes de feuilles vertes.
. . . .
Et si l'érable
Est flamboyant et rouge,
Vous porterez des chandelles blanches
A la place, des bougies de cire.
Et si désormais, quelque part ailleurs,
Les oiseaux sont séduits,
Il faut encore nicher
Le petit enfant du Christ,
Ah, l'étrange splendeur
Que les sapins connaîtront,
Et ainsi,

Petits arbres persistants, grandissez !

Grandissez, grandissez !

Grandissez, petits arbres persistants, grandissez. »

L'année civile touche à sa fin, mais la nature au fil de l'année est sans fin, chaque mois qui se succède ne fait que préparer la voie à celui qui suit. Même maintenant, sous la neige épaisse, les bulbes développent de minces racines et les fleurs s'agitent dans leur sommeil. Dans quelques semaines, les oiseaux se remettront à chanter, les agneaux sautilleront dans les prés et les papillons voleront au soleil. « Il n'y a pas de Mort ! Ce qui lui ressemble n'est qu'une transition. » Le changement, et non l'anéantissement, est le message de l'année qui se renouvelle, et toujours :

« Dans le cœur de l'homme se trouve l'espoir qui palpite

Pour saluer un printemps lointain et parfait ;

Dans le cœur de Dieu se trouve la vie qui remplit

Le cœur, plein d'espoir de toute chose. »

Made in the USA
Columbia, SC
30 June 2025

60174976R00128